U0069901

陳布雷從政日記

(1947)

The Official Diaries of Chen Pu-lei, 1947

民國日記｜總序

呂芳上
民國歷史文化學社社長

人是歷史的主體，人性是歷史的內涵。「人事有代謝，往來成古今」（孟浩然），瞭解活生生的「人」，才較能掌握歷史的真相；愈是貼近「人性」的思考，才愈能體會歷史的本質。近代歷史的特色之一是資料閎富而駁雜，由當事人主導、製作而形成的資料，以自傳、回憶錄、口述訪問函札及日記最為重要，其中日記的完成最即時，描述較能顯現內在的幽微，最受史家重視。

日記本是個人記述每天所見聞、所感思、所作為有選擇的紀錄，雖不必能反映史事整體或各個部分的所有細節，但可以掌握史實發展的一定脈絡。尤其個人日記一方面透露個人單獨親歷之事，補足歷史原貌的闕漏；一方面個人隨時勢變化呈現出不同的心路歷程，對同一史事發為不同的看法和感受，往往會豐富了歷史內容。

中國從宋代以後，開始有更多的讀書人有寫日記的習慣，到近代更是蔚然成風，於是利用日記史料作歷史研究成了近代史學的一大特色。本來不同的史料，各有不同的性質，日記記述形式不一，有的像流水帳，有的生動引人。日記的共同主要特質是自我（self）與私密（privacy），史家是史事的「局外人」，不只注意史實的追尋，更有興趣瞭解歷史如何被體驗和講述，這時對「局內人」所思、所行的掌握和體會，日記便成了十分關鍵的材料。傾聽歷史的聲音，重要的是能聽到「原音」，而非「變音」，日記應屬原音，故價值高。1970 年代，在後現代理論影響下，檢驗史料的潛在偏見，成為時尚。論者以為即使親筆日記、函札，亦不必全屬真實。實者，日記記錄可能有偏差，一來自時代政治與社會的制約和氛圍，有清一代文網太密，使讀書人有口難言，或心中自我約束太過。顏李學派李塨死前日記每月後書寫「小心翼翼，俱以終始」八字，心所謂為危，這樣的日記記錄，難暢所欲言，可以想見。二來自人性的弱點，除了「記主」可能自我「美化拔高」之外，主觀、偏私、急功好利、現實等，有意無心的記述或失實、或迴避，例如「胡適日記」於關鍵時刻，不無避實就虛，語焉不詳之處；「閻錫山日記」滿口禮義道德，使用價值略幾近於零，難免令人失望。三來自旁人過度用心的整理、剪裁、甚至「消音」，如「陳誠日記」、「胡宗南日記」，均不免有斧鑿痕跡，不論立意多麼良善，都會是史學研究上難以彌補的損失。史料之於歷史研究，一如「盡信書不如無書」的話語，對證、勘比是個基本功。或謂使用材料多方查證，有如老吏斷獄、法官斷案，取證求其多，追根究柢求其細，庶幾還原案貌，以證據下法理註腳，盡力讓歷史真相水落可石出。是故不同史料對同一史事，記述會有異同，同者互證，異者互勘，於是能逼近史實。而勘比、互證之中，以日記比證日記，或以他人日記，證人物所思所行，亦不失為一良法。

從日記的內容、特質看，研究日記的學者鄒振環，曾將日記概分為記事備忘、工作、學術考據、宗教人生、游歷探險、使行、志感抒情、文藝、戰難、科學、家庭婦女、學生、囚亡、外人在華日記等十四種。事實上，多半的日記是複合型的，柳貽徵說：「國史有日歷，私家有日記，一也。日歷詳一國之事，舉其大而略其細；日記則洪纖必包，無定格，而一身、一家、一地、一國之真史具焉，讀之視日歷有味，且有補於史學。」近代人物如胡適、吳宓、顧頡剛的大部頭日記，大約可被歸為「學人日記」，余英時翻讀《顧頡剛日記》後說，藉日記以窺測顧的內心世界，發現其事業心竟在求知慾上，1930 年代後，顧更接近的是流轉於學、政、商三界的「社會活動家」，在謹厚恂恂君子後邊，還擁有激盪以至浪漫的情感世界。於是活生生多面向的人，因此呈現出來，日記的作用可見。

晚清民國，相對於昔時，是日記留存、出版較多的時期，這可能與識字率提升、媒體、出版事業發達相關。過去日記的面世，撰著人多半是時代舞台上的要角，他們的言行、舉動，動見觀瞻，當然不容小覷。但，相對的芸芸眾生，識字或不識字的「小人物」們，在正史中往往是無名英雄，甚至於是「失蹤者」，他們如何參與近代國家的構建，如何共同締造新社會，不應該被埋沒、被忽略。近代中國中西交會、內外戰事頻仍，傳統走向現代，社會矛盾叢生，如何豐富歷史內涵，需要傾聽社會各階層的「原聲」來補足，更寬闊的歷史視野，需要眾人的紀錄來拓展。開放檔案，公布公家、私人資料，這是近代史學界的迫切期待，也是「民國歷史文化學社」大力倡議出版日記叢書的緣由。

導言

劉維開

國立政治大學歷史學系教授

一

陳布雷（1890 年11 月15 日－1948 年11 月13 日），浙江慈谿人，原名訓恩，字彥及，筆名布雷、畏壘。早年為記者，之後從政，歷任國民政府軍事委員會侍從室第二處主任、國防最高委員會副秘書長、中國國民黨中央政治委員會秘書長等職，是蔣中正在大陸時期最倚重的幕僚，信任之專，難有相比者。從政日記，開始於1935 年3 月1 日，終止於1948 年11 月11 日逝世前夕，前後十三年又八個月。事實上，在此之前亦有日記，1935 年10 月12 日，陳氏曾「整理舊篋，得民國十一年之舊日記三冊，重讀一過，頗多可回味之處。」然這部份的日記至今並未得見，僅能於其《回憶錄》了解一二。

二

關於《陳布雷從政日記》的流傳經過，陳氏八弟陳叔同應《傳記文學》社長劉紹唐之邀，撰〈關於陳布雷日記及其他〉（《傳記文學》第55 卷第5 期，1989 年11 月）一文說明。根據陳叔同的記述，陳布雷逝世後，家屬曾將其於1936 年及1940 年所撰寫之《回憶錄》，即出生至五十歲止之求學與工作經歷，以原始親筆墨蹟於1949 年初出版。「不久時局危殆，政府各機關紛紛撤離大陸，正當上海行將淪陷之際，又匆匆將布雷先生自民國二十四年一月起至三十七年十一月十二日其逝世前夕止的親筆日記，全部以拍照縮製卅五米厘微膠卷，裝置小盒，由大陸帶出，分藏於美、臺各家人手中；而日記原稿數十冊，仍留置上海無法運走。」「日記原稿，為毛筆字書寫之十行紙簿本，整十三年之日記，多達數十冊，約五百七十萬字。經製作微膠卷，重僅三百公克，雖當時製作微膠卷技術，遠不如今日，但能安全攜出布雷先生日記於自由地區，實為一大幸事。」日記膠卷攜出後，陳氏家屬一直未作任何處理，至1961 年間，臺北方面家屬考慮日記閱讀方便，並能妥善保存，認為似宜設法排印，乃先將每一膠片沖印為5 乘7 英吋照片，達可直接目視閱讀之程度，以利排版，復由陳布雷六弟陳訓悆於《香港時報》社長任內，在香港排印三十部，每部五冊。

陳布雷日記之排印本，起自1935 年3 月1 日。先是陳氏於1934 年5 月受蔣中正延攬，任軍事委員會委員長南昌行營設計委員會主任。1935 年2 月，蔣氏修改侍從室組織，分設一、二兩處，以陳氏為侍從室第二處主任兼第五組組長。3 月1 日，軍事委員會委員長武昌行營成立，陳氏參加成立典禮，並於是日起始為日記，謂：「自三月起始為日記，自是日日為之，未嘗中輟焉」。日記結束於1948年11月11日，為逝世前二日，時任中國國民黨中央政治委員會秘書長。因日記所涉時間，為陳氏從事政務階段，家屬乃將其題名為「陳布雷先生從政日記」。復以「布雷先生從事黨政工作數十年，雖無顯赫官位，但大部時間，均為輔佐決策當局，暨任總裁文字之役，其內容多涉當時決策及中樞官員，我家人亦深知布雷先生日記之發表殊非所宜」（陳叔同文），因此於題名加「稿樣」兩字，為「陳布雷先生從政日記稿樣」，表示僅為樣書並非正式出版品，由居住在大陸以外地區之家屬各自保存，作為紀念。2016年1月，美國史丹福大學胡佛檔案館宣布由陳布雷侄兒陳迪捐贈的陳布雷日記將完整對外公開。陳迪為陳訓悆長子，因陳布雷日記原件目前藏在南京的中國第二歷史檔案館，該日記應為當年排印《陳布雷先生從政日記稿樣》之依據。

三

《陳布雷先生從政日記稿樣》完成後，並未對外界透露，僅由陳訓悆檢送一套呈報蔣中正鑒核。至1988年2月，南京中國第二歷史檔案館出版的《民國檔案》刊登〈陳布雷日記選－1936年1月－2月〉，首度揭露陳布雷有日記存世。次（1989）年底，臺北《傳記文學》轉載

〈陳布雷日記選－1936 年1 月－2 月〉，同時發表前述陳叔同撰寫之〈關於陳布雷日記及其他〉一文，外界始知除日記外，尚有日記排印本由家屬保管。

對於《民國檔案》及《傳記文學》刊登陳氏日記一事，陳叔同於該文中表示「時至今日，此一四十年前涉及政務黨務之私人日記，早因時移世遷，當事人十九亡故，再無密而不宣之必要」，但為避免日記出現刪節或斷章取義等問題，「亟願布雷先生日記持有人，能儘早主動予以公開發表，以減少其被竄改與造謠欺世之機會」。《傳記文學》社長劉紹唐亦於該文文末「編者按」中，表示：「本刊正試洽此一日記稿本交由本刊連載之可能性」，然似乎未有結果。2002 年9 月，陳氏長孫陳師孟出任總統府秘書長後，將《陳布雷先生從政日記稿樣》全套五冊捐贈國史館典藏，並同意提供研究者參閱。此後，陳布雷日記排印本正式對外公開，研究者得以參閱，撰寫相關主題。其中東海大學歷史研究所沈建億在呂芳上教授指導下，完成碩士論文《蔣介石的幕僚長：陳布雷與民國政治（1927-1948）》，為日記公開後，第一篇以陳布雷為主題進行研究之學術論文，內容嚴謹，頗受外界好評。

留置在上海之陳布雷日記原稿，據復旦大學歷史文獻學博士鞠北平在其學位論文《陳布雷文獻資料研究——從議政到從政》中敘述，文化大革命時被抄家抄走，後來輾轉流傳到了上海市檔案館。文化大革命結束後，上海市檔案館將日記歸還家屬，家屬復將日記原件捐獻南京中國第二歷史檔案館。該館於1988 年在《民國檔案》第一期上，選刊1936 年1 至2 月日記的內容，之後未再繼續，原件迄今未對外公開。目前大陸方面有兩個日記版本曾經為研究者運用。一是由陳布雷二子陳過保存之《畏壘室日記》影印件，該件據《陳布雷大傳》作者王泰棟轉述陳過說明，乃因日記原稿委託中國歷史第二檔案館保管，該館依例複印三套給家屬，此為其中一套，共二十九本，自1935 年2 月至1948 年11 月11 日，缺1941 年上半年一本。王泰棟撰寫《陳布雷大傳》、《陳布雷日記解讀——找尋真實的陳布雷》及寧波大學戴光中撰〈從陳布雷日記看其晚年心態〉等，乃依照此版本。一是上海市檔案館之抄寫本，該館將日記原稿歸還陳布雷家屬時，曾經留下了複印本，爾後由複印本衍生出抄寫本。鞠北平撰寫博士論文時所參考陳氏日記，即是其導師、上海市檔案館研究館員馮紹霆提供的抄寫本。抄寫本的內容從1935 年3 月1 日到1948 年6 月30 日，缺少最後四個半月。

四

日記是研究歷史人物的重要素材，不僅可以研究傳主一生經歷與思想，同時也可以研究與其相關人物之生平與思想。陳布雷日記每日以敘事性方式記錄，自起床至就寢，整日的工作情況，時間、地點、人物相當明確，內容包括處理公務、會客、出訪、談話等，簡要翔實，1935

年、1936 年日記並有摘錄各方呈送報告內容，實際上就是他的工作日誌。1935 年，陳氏曾隨蔣氏至四川、貴州、雲南等地巡視，對於地方政情及風俗民情多有記錄，可作為抗戰前中央對於西南地區理解之參考。

陳氏亦於日記中記錄其自我檢討或對人事之個人意見，為理解其心態之重要參考。如1935 年7 月27 日，陳氏以長篇文字反省其短處，列出八項缺點，以及四項「急救之道」與應學習對象，曰：「今晨澈底自省余之短處，不一而足，憤世太深而不能逃世，此一病也。自待甚高，而自修不足，此二病也。既否定自身之能力，而求全好勝名心未除此三病也。憤激之餘，流於冷漠，對人對已均提不起熱情，甚至事務頹弛，酬應都廢，而託於淡泊以自解此四病也。對舊友新交，親疏冷暖，往往過當，有時興酣耳熱，則作交淺言深之箴規，無益於人，徒滋背憎此五病也。對於後進祗知獎掖，不知訓練，又不知保持分際之重要，對於部屬，祗知涉以情感，不知繩以紀律，此六病也。對於公務，不知迅速處理，又不能適當支配，遲迴審顧，遂多擱置，此七病也。手頭事務不能隨到輒了，而心頭時常牽憶不已，徒擾神思，益減興趣，此八病也。受病已深，袪之不易。但既不能逃世長往，則悠悠忽忽，如何其可。急救之道宜從簡易入手。一、戒遲眠；二、戒多言；三、勿求全；四、勿擱置太久。（五日一檢查）其在積極方面：安詳豁達，宜學幾分大哥之長處；熱情周至，宜學幾分四弟之長處；處事有條理宜學幾分黎叔之長處；

交友處世，不脫不黏，宜學幾分佛海之長處；循此行之，庶寡尤悔乎。」在1935 年11 月中國國民黨五全大會之後，陳氏深感體力心力交疲，兼以黨政機構改組以後，人事接洽，甚感紛紜，乃向蔣氏請准病假一月，杭州養病。在此期間，陳氏對於自身精神狀況多有檢討，如12 月20 日記道：「自念數年來所更歷之事，對余之志趣無一脗合、表面上雖強自支持，而實際無一事發於自己之志願。牽於情感，俯仰因人。既不能逃世長往，又不能自伸己意。至于體認事理，則不肯含胡，對於責任又過分重視。體弱志強心羸力絀。積種種矛盾痛苦之煎迫，自民十六年至今，煩紆抑鬱，無日而舒，瀕於狂者屢矣。每念人生唯狂易之疾為最不幸，故常於疾發之際，強自克制，俾心性得以調和。亦賴友朋相諒，遇繁憂錯亂之時，往往許以休息，然內心痛苦，則與日俱深。頗思就所經歷摹寫心理變遷之階段，詳其曲折，敘其因由，名曰『將狂』，作雜感式之紀述，或亦足供研究心理變態者之參考也。」

陳布雷交遊甚廣，在日記中留下了大量的交往記錄，大體而言，可以分為幾個部分：家人、早年就讀浙江高等學校的同學、任教寧波效實中學之同事、新聞圈友人、侍從室同僚、中央及地方黨政人士等，其中尤以最後兩部分在日記所佔分量最多，有時亦會記下對人的品評或個人感想，頗具參考價值。如1936 年10 月26 日，聞湖北省政府主席楊永泰於前一日在漢口碼頭遇刺身亡，記道：「暢卿為人自負太高，言論行動易開罪於人，一般對之毀譽不一，然其負責之勇，任事之勤，求之近日從政人員中亦不可多得。竟死非命，至足惜也。」陳氏與楊永泰共事頗久，此段評論，當為近身觀察所得，可為理解楊氏行事之參考。再如1936 年12 月7 日，陳氏閱報知黃郛因肝癌病逝，記道：「黃氏智慮周敏，富於肆應之才，然兩次當外交之衝，均蒙惡名以去，病中鬱鬱，聞頗不能自解，竟以隕身，亦時代之犧牲者。」此段記述對於理解黃郛，乃至黃氏與蔣中正關係之變化，提供了若干訊息。

另一方面，陳氏作為蔣中正之重要幕僚，除代擬文稿、參與會議外，日常與蔣氏接觸頻繁，亦常奉指示，就重要決策徵詢黨政相關人士意見，這些過程往往記錄於日記，提供理解蔣氏之側面資料。如1936 年5 月，陳氏隨侍蔣氏自廬山返京，於九江搭艦至蕪湖，途中與蔣氏作三十分鐘之談話，詳述其對於國事之觀察及自身心理煩悶之由來，蔣氏勸其注意身體，以和而不同為立身之準則，記道：「委員長謂：種種消極悲觀，多由身體衰弱而起，宜節勞攝生，對人對事則仍須保持獨立之見解，以和而不同為立身之準則可耳。」（5 月4 日）是年9 月，成都事件、北海事件相繼發生，中、日兩國緊張情勢升高，蔣氏時在廣州，各方催促其返回南京之電報不斷，陳氏於23 日記道：「行政院各部會長昨聯電促委員長歸京，今日孔副院長亦來電請歸京主持，均奉批『閱』字，但對余言：此間事畢，則歸京耳。」復記：「晚餐畢，委員長來侍從室，命予同往散步。旋同至官邸，侍談甚久。見委員長從容鎮定，對國內政治等仍從容處理。略談外交形勢，亦不如京中諸人之憂急無措，但微窺其意，當亦以大計無可諮商為苦。」再如1948 年4 月，中國國民黨六屆臨時中全會堅持欲推蔣中正為行憲第一任總統候選人，與蔣氏原意不合，6 日晚，蔣氏與陳談話一小時餘，談話內容如何，不得而知，但陳氏於次（7）日日記記錄對蔣談話之感想，曰：「追繹委座昨日之談話，知其對中樞散漫情形甚關懷念，然積習相沿，遺因已久，蓋在第四次代表大會時始矣。今日欲圖補救，確非重振綱紀不可。此決非另起爐灶之謂，實應痛下決心，由中樞諸人衷心懺悔，改革制度，改革作風，刷新人事，多用少壯幹部。而任用幹部，則以公誠與能力為第一標準，如此一新耳目，庶克有濟。今日領袖不能再客氣姑息，黨員不能再諉過塞責了事，非一新耳目，不足以使本黨存在，以號召國人。然環顧黨中能自反自訟者寥若晨星，新幹部亦未作適當之培養，念之殊為憂心悄悄也。」4 月12 日，蔣氏主持總理紀念週講話，內容關係黨紀黨德及對部分國大代表主張修憲之意見，次日《中央日報》僅有六行的篇幅報導。陳氏則於日記記錄蔣講話重點：「注重黨德，遵守黨紀，決不可以私害公，亦不可對外自損黨的信譽。現值非常時期，應知國恥重疊，國難嚴重，切不可議論紛紜，使大會曠日持久，遷延時日。要知拖延大會日期，使吾人不能專心努力於戡亂，正為共產黨所求之不得者。至於憲法未始不可修改，然此次以不修改為宜，即或顧及戡亂時期之臨時需要，亦應以其他方法求變通之道。關於擴大國民大會職權及設置常設委員會，萬不可行。至戡亂完畢時，自可召集第二次大會。」對於探討蔣氏之心態，具有相當參考價值。

陳氏於1948 年11 月13 日去世，1948 年為其最後一年日記，而該年亦是中華民國實施憲政的第一年。行憲伊始，對於政府而言，各種問題，紛至沓來，陳氏周旋其間，精神負擔沉重，對黨內諸多現象，憂心不已，於日記中多有反映，深感「黨內情形複雜，黨紀鬆弛，人自為謀，不相統屬」，（5 月5 日）藉由其日記所記，不僅可以揣度陳氏在這一年之心境轉折，亦可知除軍事之外，政府與蔣中正在政治上所面臨的困境，對於1949 年大變局，能有更深一層的理解。

《陳布雷先生從政日記稿樣》自史政機構對外公開後，數十年來已廣為學者參閱，相關研究著作陸續出現。然《陳布雷先生從政日記稿樣》原意並非提供研究之用，閱讀上仍有不便。今民國歷史文化學社以該書為基礎，重予校對排印，公開出版，以期為民國史研究者提供重要參考資料。此不僅對國民政府、軍委會內部運作之研究、對蔣中正研究，以及民國史相關研究，均具重要意義。對陳布雷個人，其文字造詣深，忠勤任事，而生活淡泊，日記記事更給予後人諸多啟示。

編輯凡例

一、本套日記為原東南印務出版社編印，但最終並未發行之《陳布雷先生從政日記稿樣》，自1935年3月1日起，至1948年11月11日止。

二、本套日記依原東南印務出版社編印之版本，重新以橫式排版，與原書排版方式不盡相同。

三、古字、罕用字、簡字、通同字，在不影響文意下，改以現行字標示；原手民誤植之處則直接修正，恕不一一標注。

四、部分內容為便利閱讀，特製成表格，並將中文數字改為阿拉伯數字。

目　錄

民國 36 年

1 月 1 日　星期三　晴　五十四度

八時起。今日以憲法頒布，祭告國父，余以咳嗽未癒，故未往謁陵，恐野外風大，又受寒也。國府頒憲以外，並頒布赦令及減刑免刑之令（漢奸貪污除外），此舉足以裨益憲政之宣傳。十時卅分往國府，與諸友賀年，並謁主席，祝新年健康。旋參加紀念開國典禮及團拜禮，主席致詞二十五分鐘，十二時歸。秋陽來午餐。今日文官處諸舊友白虹、秀民、孟海等，又希聖、力子、唯石、唯果夫婦均來賀年。下午小睡二小時許，力子夫婦來，竟未及接晤也。八弟今日亦來寓。五時後公弢來談宣傳業務，至八時後始去。閱報十一時就寢。

1 月 2 日　星期四　晴　五十二度

八時起。咳嗽久久不癒，夜間必劇咳二、三次。約王宇高君來，為余處方，並與談編纂室之工作事。今日以陳廣煜醫師去鎮江，故未打針。周佩箴先生來訪，談卅分鐘。旋謙五弟來談，午餐後一時卅分別去。謙五篤實而達於事理，外舅家諸兄弟皆不及其明達也。二時後覺稍倦，午睡極貪睡，至五時許始起。閱報數種，今日各地學生為美兵侮辱女生事游行示威。此事顯屬民盟所鼓動，然青年之離心蓋已久矣。道藩夫婦來賀年，談一小時去。傍晚齒牙發炎更甚，頗覺無聊。夜整理文件、信件等，九時後秋陽來談，十一時去。十二時寢。

1月3日　星期五　晴、夜有風　五十三度

八時起。近日放假休息，而身心轉趨疲頹，固由咳疾牙腫未癒，亦為年終工作緊張之反應也。聞文白兄自新疆歸，特往沈舉人巷二號訪之，談一小時餘回寓。力子夫婦來談，贈細兒粧具四事。此邵夫人所購，親自攜來，可見彼家之儉約。向午趙述庭兄來談立法院工作及教育經費等事。陸步青兄來賀年。午餐後致允默一函，匆匆未能盡意，交秋陽帶去。此次嫁女，在上海行禮，所費將不貲，習俗壓人，可嘆可嘆！接憐兒、約兒各一函。夜寒甚，當窗有風，不能作事。十時卅分寢。

1月4日　星期六　雨　五十五度

八時卅分起。閱報作私函數緘。十時到國防會秘書廳與滇生等晤談。旋厲生兄來談。十時卅分舉行第四屆參政員缺額遴選委員會，亮疇先生主席，遴定東九省、台灣等（民選）及丁項缺額（以王造時、羅夢冊補），又決定延期及增加名額等事項。立夫、辭修、雪艇均後至。十二時四十分散會歸，午餐後小睡至四時許始起。忽患耳鳴不止。委座有交下件，命核閱酌擬。接泉兒及七弟海外來函。傍晚唯果來談甚久。為聖芬核改講詞紀錄兩篇。夜約希聖來談甚久。心緒不甚佳。十時早寢。

1月5日　星期日　陰　五十四度

七時卅分起。細兒婚期已近，懸念滬寓諸事需人主持，決於明日赴滬。九時卅分往謁委座，陳明請假十天，並報告昨日開會討論參政會問題之結果，兼及改組政府各問題。委座略有指示，盼余早日回京。十時卅分回寓，致達詮、亮疇、希聖及立夫諸君各一函，悵念中樞諸事，無人負綜合研究之責，委座一人憂勤於上，而吾輩工作不能緊密配合，殊可嘆惋。午餐後小睡未能成眠。天氣陰沉潮濕，筋骨作痛，至傍晚始稍癒。夜整理行篋。龍繩武、王公弢及八弟來談。十時卅分寢。

1 月 6 日　星期一　陰、微雨　五十二度

六時卅分起（昨晚以咳嗽入睡甚遲，今晨又早起，甚感睡眠不足）。七時卅分到車站，祖望及皓兒送至車站，八時開車。希聖兄同行回滬，車中閱報及雜誌。因希聖同行，有人談話，頗不寂寞。中午過常州，略進小食。天氣陰沉濛雨，車內有水汀，亦不覺暖。二時四十八分抵滬北站，六弟及明、鎬二人來接，即與明、鎬同車返惇信路寓所，到達時已三時半以後矣。秋陽來談婚事準備諸事，晚餐後九時去。十時六弟來談婚前後諸事，十一時別去。十一時卅分寢。

1 月 7 日　星期二　陰雨　五十度

九時一刻起。檢視細兒粧奩，各方送衣料在三、四十段，化裝品用具等甚多，計其時值當在數百萬元。物價固高，而習尚之奢侈亦可嘅已。我家家世節儉，亦不能俯仰隨人，余自有主張，然家人親戚何能知余心歟。十時五妹、八妹挈甥女等來寓，十二時後午餐。餐畢小睡，至三時許始起。良英甥及澤永甥來訪。傍晚鶴皋兄來談，一小時餘去。朱仰高醫師聞余歸，即來訪余，為余注射葡萄糖鈣針。晚餐時六弟婦挈巽、棣兩侄及王氏二姪孫來訪。孫伯強甥婿及湘濤甥女來訪。晚餐後皓兒歸來。九時卅分秋陽來談。十一時寢。

1月8日　星期三　陰　五十度

八時卅分起。昨夜睡眠尚適，惟四時以後又有咳嗽，故早醒耳。允默為籌備細兒婚事，置辦奩物，既求不失我家之風，力從儉約，復須稍徇習俗，斟酌之間，備極勞苦。幸細兒幼承家教，能心知我等之意也。十時謙五弟來訪。十一時八妹及五妹挈子女等來寓。中午圍坐聚餐，甚熱鬧。午餐後與五妹等談家常。二時小睡至四時許始起。氣候仍寒冷，乃換著中式長袍。孫士琅世兄攜新婦來訪。六時吳國楨市長來訪。七時滄波兄來訪，談至晚飯後別去。夜秋陽、西亞來接洽事務，決定明日宴客之名單。六弟來談。辟塵、良英均來談。十二時寢。

1月9日　星期四　晴　五十二度

六時為電報報差叩門驚醒，七時卅分起。亮疇先生來電致賀，甚感其意。陳漢平兄亦來電致賀，想彼已回京歟，或由美來電轉來耶。九時卅分望弟自京來（昨晚到），偕五妹等同來寓，整理奩具。向午八妹挈子嫺甥女來，與楊氏五舅母幫同檢點各物下箱。箱四具，被褥床毯等拾條，衣服拾貳件，衣料卅二件，及親友致送各儀物用具亦頗燦爛滿目。衡以家中現時經濟情況，不為菲儉，然海上習俗浮靡，在流俗人之眼光中，將謂與余之身分不相應矣。明、鎬中午即來余寓幫忙。趙祖康局長夫婦為余近鄰，亦前來道賀，談房屋租賃各事。一時卅分午餐，餐畢賓客紛至，三姪及沈賢成君來訪，談本邑建設各事。楊氏諸舅嫂姪女等及王氏諸姪與我家，陸氏、翁氏、馬氏諸甥女甥婿等均陸續來賀。細兒準備各事，六弟婦及子嫺、文英均熱心相助。三時卅分思圻兄亦自家鄉來賀，相見極驩。四時倦甚小憩，約四十分鐘即起。諸鄉友，鶴皋、叔眉及秉琳、仲肩、貞柯均先後來會。周煒芳君特來訪謁，攜儀物致賀。公弼兄亦來訪，餽贈東北之出產品。夜設宴六桌，款待新嫁娘。威博夫人、廉三夫人同來與宴，更為難得。細兒狀甚愉快，余亦歡慰。十一時客散，道藩來談甚久。十二時就寢。

1 月 10 日　星期五　陰雨　五十四度

八時起。今日為細兒吉期，贈以日記一冊，題字其耑，勗以和諧勤儉，不失我家之風。上午十時細兒去理髮試衣，六弟婦種種指引，極為可感。十時一刻三姪叔受來寓，囑其代為整理昨日之簿冊。與三姪談家務，並為作介紹函於叔明總經理。十一時卅分午餐，餐畢閱報。十二時卅分攜皓兒及蕙蘭姪女同赴新生活俱樂部，各種布置大致楚楚，略為指點之。禮堂寬大，亦不過於奢華，甚合余意。一時卅分新親翁嚴鍔人君亦蒞臨，相見談話，知其任教中學校近二十年，近始退休，並介見其長公子子諤、三公子幼諤，均落落大方，可見其家教。親母年六十，似較親翁更衰老矣。二時以後諸親友陸續來道賀，同鄉、同學有十年不見者。而京中友好如岳軍、道藩、青萍、季生、陸東、蘭友等亦來致賀。三時行禮吳國楨君證婚，公展、滄波兩介紹人先後致詞，來賓代表由健中、庸之、蘭友三君致賀詞，余與諤人先生分別致答，行典禮時，見細兒雍容大方，諸賓客譽為文化家庭之結合，差可無愧。四時十五分禮成，與劉攻芸、張岳軍、葉子漸君先後談話，今日兩家賓客到者約在五百人以上。五時卅分送八妹歸後回寓。莊仲文君來訪賀，並談中越邦交事。六弟、八弟等均來晚餐。餐畢，與家人驩談。棣棣極聰敏可愛。十一時寢。

1月11日　星期六　陰晴　五十二度

八時起（昨晚咳嗽甚劇，後半夜睡眠不佳）。閱報知改組政府問題尚多，可知各黨派內部之複雜也。今日接新婿及細兒來寓，並約戚族同來歡聚。九時後志城、仲未、季剛、六、八弟等先後來會，王氏兩舅嫂及五、八妹亦均來寓。允默並約其老同學聶婉、周蓮英二女士同來。十一時卅分新婿夫婦回門，余贈君默以文房四事，並勗其德業孟晉。一時卅分敘餐，新夫婦由表兄弟等作陪，余等在三樓會餐，甚為歡洽。三時五十分客散，張禾草來訪，應登榜、家珍兩表弟來談，五時始去。小睡片刻，七時到杜宅舉行申報董事座談會，檢討業務。十時卅分歸，與良英談話。十二時就寢。

1 月 12 日　星期日　陰雨　五十二度

八時卅分起（昨夜睡中仍患咳嗽）。九時新聞報詹文滸君來談，約卅餘分鐘。胡健君中來談一小時餘。談及蕭青萍及阮毅成君事。旋大公報金誠夫、王芸生兩君來訪。兩君去後，慶蕃、箕傳、秉道三君來談五和廠事，至一時十五分始去。西亞來談申報館事，為拍發致彭部長一電，又為函致子文院長介六弟晉謁焉。思圻哥、學綆內侄均來寓。二時十五分午餐，餐畢，朱醫來打針。三時望弟、澤永來談。四時卅分六弟來談。伯準姪來訪。夜在湖社宴請證婚人、介紹人，公弼、希聖、玉書、嚴濤寅、六弟等作陪，賓主十二人，談笑極驩，至十時卅分始散。歸寓與俞欽侄談。十二時寢。

1 月 13 日　星期一　雨　五十二度

八時卅分起。昨日酬對，賓客太多，甚感疲倦，然到滬後脫離政治空氣，心緒較為寧壹，故興趣殊佳。九時五十分周謙沖君來訪，談國內局勢及和談之癥結，以私人友誼交換所見，談一小時而去。滄波來談報館諸務，所言多感慨之語。此君個性成見太強，余亦無能相勸也。今日以咳嗽太久，喉音沙啞，談話極費力。中午接細兒、君默來寓，並約八妹等同來敘餐，餐畢已二時許，朱醫來為余作第五次之注射（治咳嗽）。略睡片刻。秋陽來，未晤見。都良來談文字，以余在抗戰中撰文示之。談一小時餘始去。夜六弟宴新侄婿，我等亦被邀同餐。十一時歸寢。

1月14日　星期二　雨　五十度

八時卅分起（昨今兩日咳仍未癒，喉音亦未開）。作介紹函數緘，均為戚友之人事問題也。叔受侄來談家事，商大哥安葬之日期及儀節等，談一小時餘別去。接君章來函，知南京無要事待理者。十一時應叔眉、鶴皋、秉琳、貞柯、仲肩諸舊友之約，到孫宅午餐。劉紀文夫婦來談，即去。余等相敘午餐，肴饌精美，談笑極驩。餐畢與諸友為博奕之戲，自二十八年在康宅及三十年與季鸞在南岸兩處為之，以後久不為此矣。六時歸，思圻哥及秋陽待於余寓。晚餐後與圻兄談甚久。十時寢。

1月15日　星期三　晴霽　五十度

八時卅分起。整理簿記，分配傭人司役等喜賞，結算此次遣嫁行禮，用費當在一千二百萬以上，物價之高，習俗之靡，可謂極矣。虞增儀甥女來訪。今日上海中學放假，向大來借車，接明兒歸來。接外部張沅長君函告，美國盜印「中國經濟學說」之譯文。午餐後小睡未熟，二時卅分起。公展來談市參議會及財政法規事，又談申報館事。胡秋原、錢納水兩君來談政局之瞻望及對策。慶蕃來訪未晤。張乾若先生來，亦未接談也。六時應葉啟宇老友之召，與應子雲父子談租屋事。在葉宅得晤李立民君，初談時頗敬其為人，然氣度殊不宏。十時歸理文件。一時寢。

1 月 16 日　星期四　上午陰晴、下午雨　五十度

八時卅分起（昨晚下半夜咳嗽仍劇，注射葡萄糖鈣已十針，仍無效也）。閱報知京中諸友又正為和談而忙碌，余實不耐作此曲折迂迴之工作，寧徐徐歸京爾。接君章、省吾長途電話，已接宏濤電，謂展緩假期，已准所請矣。結算各往來戶之簿冊，計去年四月至十二月滬寓平均日用一四四萬元，然實不能再儉矣。午餐後小睡未寧貼，僅三刻鐘即起。皓兒今日乘船赴平，寫寄皋兒一函，交其攜去。魏仰剛甥來訪（椿仙表妹之子）。五時霸兒姪來寓，長大成人，其身高與余相等矣。作函四、五緘，皆為戚友請託事。傍晚羅慶蕃弟來訪。夜良英甥來談甚久。與積明談話。十一時就寢。

1 月 17 日　星期五　陰雨　五十度

八時卅分起（夜間咳仍未止，服帕勒託尚未見效）。閱報知中樞仍勉力進行和談之準備，有派員赴延之意。此或民社黨意見之反映歟？中共放棄武力割據之意圖與行動，實為和平與否之關鍵。余此數日內實無意赴京，且咳嗽未止，決定延遲數日。午前西亞來訪。旋秋陽來談。接通和公司來函，限三月一日遷讓房屋，與西亞商議答覆。正午葉啟宇來訪。午餐後發出覆函，託秋陽寄發。小睡仍未熟。連日少睡，然心緒尚寧謐也。接細兒來家，旋嚴甥君默亦來談，晚餐後十時始去。與健中、子文通電話。俞欽姪來訪，十一時卅分去。十二時寢。

1月18日　星期六　陰晴　四十九度

八時卅分起。今日擬出外訪友，以無車中止。與明兒閒談，並寄樂兒一信。宏濤來長途電話，謂南京無要事，暫緩回京不妨。十時後撰題跋一篇，跋稚暉先生所書全謝山蔣金紫園廟碑之後（應楊愷齡君之請），手邊無史籍可資參考，僅略述緣起而已。十二時寫成，並親繕一份，交平玖甥女寄去。午餐已二時，餐畢小睡起。馮伯準、竺培農兩君來訪。楊雅宜女士來談甚久，託余謀事。六時滄波來談。六時卅分朱醫來打針。注射葡萄糖鈣第八針又注射肝精一CC。詎意半小時後週身發冷，不能支持，甚至震顫異常，未食晚飯即寢。十時後發高熱，矇矓入睡。

1月19日　星期日　陰　五十度

昨夜發高熱，清晨始退淨，甚感疲倦。十時起床，朱醫來問疾，謂係昨日注射肝精之反應，然余實不解何以在京注射未有如此之現象也。寫寄四弟一函，又發遠兒一函。建極內姪及祖銘甥來訪。一時午餐，胃納殊不佳。餐畢小睡一小時餘。秋陽來談。旋辟塵來談，為指示大哥大嫂下葬典禮之準備。五時魏伯楨、洪彬史兩君及徐玉書君來談政局及金融各事，七時別去。細兒送來年禮，居然學持家矣。晚餐後為秋陽作函，介紹於招商局徐學禹君。六弟來談申報館各事，十一時始去。十二時寢。

1 月 20 日　星期一　陰、轉寒　四十八度

八時卅分起。閱報載，和談果為中共所拒絕，但政府仍擬發表文告，並提供讓步之新方案。余近日不在京，得避免會談接洽撰稿種種工作，遙念諸友，忙碌必甚也。前夜打針之反應，今日猶有影響，上午仍感疲乏。作函兩緘外，未作他事。午餐時食漿板帶魚，甚鮮美。此次來滬後，凡戰時不食之鄉味備嘗之矣。餐畢小睡一小時餘，仍多夢。允默等出外備年貨，甚忙碌。三時卅分訪錢新之於范園，訪吳鐵城於望廬，均未遇。至張乾若處談二小時許而歸。夜七時申、新兩報同人會宴於十八層樓之杜宅。商兩報營業方針。十一時歸寓。十二時寢。

1 月 21 日　星期二　陰　四十八度　丙戌除夕

九時十五分起。今日為丙戌歲除夕，去年此日，猶在渝州，正為政治協商會議而忙碌也。復員東歸而後，國是紛紜靡定，社會風氣日壞，觸處生感，無歡樂之可言。

差幸此三個月來身體日健，心境較寬。今日追溯此一年來之經過，於公家無所貢獻，而私人之人生觀則較前豁達，此或為一種進步耳。午前擬往訪遐菴先生，以事未果。遣明兒到五和廠，揭算來往賬目。午餐後小睡，睡中有怔忡之象。起後作致黎叔一函，上程清舫縣長一函。滄波來談，以滿招損之語規之。夜與旦姨、允默、五、六兒飲分歲酒，在滬過年，甚有味。夜十一時寢。

1月22日　星期三　雨　四十八度　丁亥元旦

九時起。今日陰曆歲旦，九時卅分偕默至趙祖康家賀年，談卅分鐘歸。戚族至友來賀年者上、下午達五十六人，上午來者辟塵、志城（及學瓊）、良英。又王堯欽、王顯庭來談申報事。潘更生同學來敘舊。希聖兄來談最近政局。十二時午餐，餐畢小睡，二時卅分起。賓客紛集，六弟夫婦、諸侄、八弟、八妹、陸、翁、馬、馮諸甥女、王俞欽內侄全眷、建極侄均先後來賀歲。細兒偕婿來。又積卿姪女全家四人同來。客室擁擠，熱鬧異常。家珍弟來談店事。古達程來賀年，冠青來談工作近況。溯中偕婦同來，談出版業近況。又滄波、文滸、伯準、曉光諸人來，均未晤。五時往訪庸之，談留學事。夜約八弟及甥女等晚餐後驩談，至十一時去。十二時寢。

1月23日　星期四　雨　五十度

八時卅分起。志飛、志騫兩姪來賀年。志飛服務正中書局，詢其業務情形。啟煦偕婦及女三人來，對啟煦勗以努力。旋仲未、季剛兄弟及學綆、學緯二姪來訪。十二時到上元公司，赴彬史、伯楨兩兄之宴。丕華、苓西、秉琳、玉書、伯準同餐，餐畢與諸君談話。並與丕華懇談時局。四時偕六弟回寓。王氏諸姪、福源等、平玖夫婦等來賀年。箕傳夫婦同來，與談久之。余未歸時，辟塵婦及明翬攜兒來賀歲。公展伉儷及公子維新、維增來訪。余秀卿女士（允默之友）及子方志仲來訪。五時潤卿先生來談鄉邑諸事。李叔明君來談約一小時餘。夜與慶萊、佐卿侄同餐。夜十二時就寢。

1 月 24 日　星期五　陰　五十度

八時卅分起。因滬上諸務未了，決定遲一日去京。九時卅分許孝炎、馮有真兩君來談宣傳業務及限制日報紙張事。羅慶蕃弟來談廠務，以應登榜弟之事託之。福清姪挈子女來賀歲，其少子懷頤余最愛之，逗其玩弄，移時而去。陳次仲君攜子來訪，與之談法制修訂問題甚詳。今日發寄泉兒一函，又為大哥刊行遺著事。致大姪、賓甫各一函，並寄憐兒、九妹各一函。細兒來歸省，與談話久之。午餐後二時卅分細兒回去，乃小睡一小時起。良英來談。六弟婦攜巽、棣兩姪來送行，為迪、選、通三侄命字曰迪先、曰巽仲、曰棣三，並面告之。晚餐後揭算賬目。細兒此次婚事用費，總計一千三百萬元以上。十二時寢。

1月25日　星期六　陰寒、下雪　四十四度

今日晨醒較遲，九時卅分始起。結束在滬諸事。作函六緘：函支含芬為良豪謀事；函大來為合眾介紹往來透支；函貞柯道別；函傅沐波託洪渭漁事；並函告善元弟；又致嚴甥君默一函。向午虞增儀姪女來賀年。十一時卅分六弟、八弟來寓，八弟略談即去。伯準、士煺同來送行。伯準交來存摺一扣（一月廿一日起期），即交旦姨代為保管。張鑑光先生來送行。十二時卅分六弟及明兒送余於北站，秉琳來招呼，一時卅分開車，偕允默回京。車過崑山即下雪，車中讀報自遣。八時卅分到下關站，學素、君章、省吾來迎，九時返湖南路寓，與蔣、金談話。十一時寢。

1月26日　星期日　上午雪、下午霽　四十六度

晨七時五十分起。室內溫度僅四十度，生爐火後始稍有暖意。君章送來函件二十餘緘，分別處理之。閱方善桂君關於經濟問題之專論兩篇，為介紹於芷町。因芷町曾言欲物色一見解平正之經濟學者也。讀本日參考消息，知中央大學復員後亦為共黨分子所侵入，念青年被玩弄之可哀，為之慨嘆。約秦振夫組長來詢秘書廳各事。閱國防會八日之議案。午餐時以湯糰饗君章、省吾。飲酒微醺。餐畢小睡，至三時起。整理書件，作函六緘。張劍鋒來訪。夜讀書一小時許，十一時十五分寢。

1 月 27 日　星期一　陰　四十六度

八時卅分起，九時參加國府紀念週。徐主計長報告工作，十時禮成。與李俊龍、余井塘、李士珍談話。旋進謁委座，與謝冠生部長同入見。退出後訪芷町，談卅分鐘。十一時離國府回寓。謙五內弟來訪，談外舅下葬各事，十二時去。午餐後小睡一小時起。閱余井塘君所擬國民大會後黨的檢討一厚冊。楊玉清君來談三民主義半月刊事，兼及黨內情勢之檢討。六時公弢兄來談，晚餐後去。九時立夫兄過訪，談改組政府事之觀察，十一時始去。十二時十五分寢。

1 月 28 日　星期二　晴　四十八度

八時五十分起。寄滄波一函，又附致新聞報董事長函，為「思想與時代」請撥基金。十時芷町來談。十一時到官邸，與立夫同謁委座，商設計考核處之設置及國府應設法制局問題。委座意，欲在官邸組一研究室，囑余計畫其事。一時回寓午餐，餐畢小睡（多夢頭痛），至三時十分起。中央日報馬星野君來談機器、房屋、業務、人事約一小時餘。毓麟陪張金澳君來見，張君侍從室舊同事，將去杭州也。蘭友、立夫來訪，談國大選舉法要點。七時卅分晚餐。葉公超司長來談其友趙某事，並談時局、外交、宣傳等，甚久而去。十一時寢。

1月29日　星期三　晴　五十四度

八時起。寄仲未弟一函，索寄先外舅之自述稿，蓋安葬有期，擬撰一追祭之文也。閱報載，中共拒絕和平商談之聲明，其措詞之蠻橫無理，稍有人心者，應無不為之氣憤。九時到中央黨部，參加常會，白部長報告軍事畢，蕭錚、姚大海、田崑山、段書貽、柳克述、鄧文儀諸委員紛紛發表對中共問題、黨派問題、外交政策、政治軍事配合等意見甚多。今日由立夫主席，幾於應接不暇。最後決議以會中意見由主席面報總裁，請定期約各常委指示根本方針。十一時委座電約到官邸，交下國府對中共拒絕和談之聲明書稿一件，囑為整理修潤。此稿原係中宣部某君起草，委座批改加註近五百字，而字跡不易辨認，且時間匆促，限下午四時發表，乃即就官邸秘書室為之核閱整理，先複寫而後修潤之。與宏濤、昌煥、功權、祖德等午餐。餐畢已一時餘，攜稿面呈改定，交昌煥翻譯，即至中宣部訪彭部長，談半小時歸寓。疲甚小睡二小時許始起。王雲五部長攜件來談。六時謝冠生部長來談。以關於中央日報之手諭轉寄彭部長。實之弟來談處理工作之困難，留彼食湯糰。晚餐後，於憑遠同志來談，兩年闊別，相見驩然，談一小時而去。校閱講詞三篇。十一時畢事，十二時寢。

1月30日　星期四　晴　五十二度

八時起。昨晚咳嗽稍癒，但睡眠不佳。晨起讀報後，研究三中全會之議題。寄芷町一函，送出王雲五之件，又以申報摘錄材料送編纂室。寄四弟一函，附去世璽來函。唐國楨、張岫嵐二同志來見，未接晤。接熱、察、綏國大代表對蒙旗自治制度之意見書。午餐後八弟來訪，旋六弟來談申報及中央日報事。余眼枯神倦，亟就床小睡，但未睡熟，精神甚不充暢，蓋勞倦甚矣。延陳醫來打針。傍晚修改講詞一篇。七時赴美大使館應司徒邀約晚餐。八時五十分辭出，訪岳軍未晤。歸寓後，星野、希聖來商談報事。十二時寢。

1 月 31 日　星期五　晴　五十四度

昨晚咳嗽仍不止，今晨九時始起。以寒暖不均，又患重傷風，涕涎甚多，鼻塞頭痛，殊為不幸。閱中央日報本日評論，深思遠慮，文實並茂之佳作也。閱本日參考消息，檢取其關於盜印中國經濟學說之材料而存之。向午季鸞夫人攜公子士基來訪，談生活艱難，在滬賃居房屋無著，為慰藉之。王鏡清君來訪，寄來紀念論文一冊。又佛觀寄來歷史與文化一冊。午餐後小睡至三時起，研究今後黨政關係及時局動向。希聖來談一小時。夜寫寄滄波一函。又寄出嚴甥一函。閱楊玉清來件。十一時寢。

2月1日　星期六　晴　五十五度

七時五十分起。閱報並審閱大鑫鋼鐵廠方子重君之來件，簽註理由而退還之。以余實無能為力也。致徐訏一函。又致經農、蔭亭各一函。九時到黨公巷參加農民銀行二三八次常董會及農業保險公司二次常董會，與閬聲、仲肇湘等談話，十一時卅分歸。下午合作金庫監會以事不參加矣。十二時五十分芷町來訪，談某項法律案，留彼午餐。餐畢談政局、經濟等，二時後始去。小睡至四時起。閱玉清來件。唯果來談甚久。七時卅分到官邸晚餐。到十二人，商改組政府事。十一時寢。

2月2日　星期日　晴　五十七度

七時五十分起。今日天氣特為晴暖，惟余公私待理之件甚多，故不能赴郊外游覽耳。閱劉航琛君建國芻議一冊，頗多精識遠見，惜其陳義太高，恐行政當局無此嘗試之勇氣耳。接董椿仙表妹一函，以其二子相託，暇時擬覆函詢其幼子之程度。閱參考消息，知英美輿論對我國仍無認識，本黨宣傳失敗，殊為可歎。沈宗濂君來談尼泊爾國俗及印度前途，約一小時餘而去。午餐後小睡極酣適，二時五十分起。逑庭來訪，未接晤。孟海來談，以書件託之。午後作私函六緘。公弢來談，至夜九時去。審查三民主義半月刊計畫，上簽呈二件。覆彭部長函二件。十二時就寢。

2月3日　星期一　陰　五十度

八時十分起。昨晚朔風料峭，今晨氣候驟寒，溫度在四十七度以下矣。將三民主義半月刊審查意見交繕正，送玉清兄。九時十分到國府參加紀念週，以鐘表誤點，遲到十一分鐘。今日林雲陔部長報告審計工作，十時禮畢。接開第一、第四小組聯席審查會，審查省政治委員會件及聯合會報工作大綱。季陶主席，十一時散會。與文官長談話後歸寓。益弟來談外舅安葬事。乃建來訪。午餐後小睡一小時未熟，二時卅分起。發函三緘。孝炎、公弢、星野來寓，對中央日報與朝報機器糾紛為之調處，得一結果。三君晤談一小時餘去。王、孫、袁三編審來談，催其加緊工作。陳醫來打針。七時浩徐來談宣傳問題，八時去。夜八弟來談甚久。十二時寢。

2月4日　星期二　晴　五十二度

八時卅分起。此兩日來咳已漸止，惟夜間睡中屢醒，而日間時患頭痛耳。閱報及參考消息畢，已逾十時，擬謁委座，知將出巡，未及往謁，以電話與之接談，研究設計考核處及法制局事。午餐時秦振夫來訪未晤，與立夫在電話中洽事。餐畢小睡未熟，二時十五分即起。四弟久無信來，念念不置。改定外舅行述，仲未之初稿也。致井塘兄一長函，討論黨務改革事。滇生來談國防會事及政局。晚餐後規劃研究室事，未完稿。天翼來談甚久。作游戲文章一篇，寄巽兒、棣棣，亦一消遣也。十一時寢。

2月5日　星期三　晴　五十二度

八時十五分起。九時到國府出席國防最高委員會二一七次常會。委員長親蒞主席，通過：

（一）出口外匯補助案；

（二）國民政府設置法制局案；

（三）設置設計考核處隸屬國府案；

（四）經濟建設計畫（交審查）。

今日議案甚多，討論畢，委座並對時局及軍事作補充報告，散會已將一時。回寓午餐，餐畢小睡，至三時起。處理函札四緘。四時林佛性兄來談憲法及時局，約一小時餘而去。今夜約憑遠、乃建、芷町、希聖、唯果、宏濤、實之、昌煥（昌煥臨時未到）小酌，並吃湯糰。座中皆侍從室舊人，一室融融，談宴懽譃至十時始散，亦盛會也。十一時卅分寢。

2月6日　星期四　晴　五十度

八時二十分起。久不得四弟來書，甚以彼之健康為念，寄約兒一函，詢近況，希望早日有覆函也。九時十五分胡秋原、錢納水兩君來訪，談滬上發起和平運動之情形及民主同盟最近之動態，談一小時餘始去。今日上午三中全會提案委員會黨務組開會，余遂以客來未及出席也。閱佛觀來函，附寄學原月刊稿件目錄，內容甚豐富。又接戴中甫同學函，論考試分區定額制之利弊。午餐後小睡約一小時起，呼匠理髮。四時希聖來談民社黨對改組政府之態度。夜八弟來晚餐，閒話家常。作函三緘。十一時卅分寢。

2 月 7 日　星期五　晴　五十一度

八時十五分起。昨晚有風，以為今日天氣將變陰曇矣，乃晨起晴曦照眼，氣候溫煦，殊覺欣喜。此一月來，余之心境寬舒悅懌，工作較閒，而處事極勤快，身體精神均趨好轉，僅骨痛未癒耳。覆表妹椿仙一函，四十年前之同學也。九時卅分余傳翊君來訪，知係余家菊（景陶）之子，赴美學哲學者，英俊可喜，託辦外匯事，即允其請。十一時景陶來道謝，並告余治目疾之方法，介紹奧國醫生費克斯君，談卅分鐘去。午餐畢小睡，至二時起。讀雜誌一種，處理函札五件。三時出席提案委員會憲政組，到委員十人。五時卅分會畢歸，閱報，夜八弟來，吃湯糰。十一時寢。

2 月 8 日　星期六　上午晴、下午陰　五十度

八時十分起。閱中央日報「歷史的教訓」一文，當為希聖之著作，文字謹審而暢達。近一週來該報社論殊覺整齊，可喜也。閱先外舅之著作，擬為請國府明令褒揚，又恐非逝者之志，甚躊躇也。楊玉清寄來徵稿函稿，為修改交還之。閱參考消息等件，向午賀雨馨君（農行潯辦事處主任）來談，留之午餐。餐畢小睡甚酣適。接澤永甥函。中政校研究部副主任王鏡清來訪，談一小時去。謙五弟來談外舅設奠合葬之籌備，約一小時餘而去。張文伯同志攜稿來，商京參議會對時局之主張。今日接貞柯函寄辛亥年在杭校與董、馮合攝之照片，少年時代之回憶，湧上心頭，作一長函覆之。十一時卅分寢。

2月9日　星期日　五十度

七時三刻起。閱井塘兄寄來之件，細思此次三中全會，宜有根本之反省與實際之改革，然眾論難齊，認識不一，滋可慮耳。九時一刻亮疇先生攜法規數種來談制定通過頒布之程序，並囑余為之校閱。亮疇去後，以一小時餘之時力，讀畢選舉罷免法規四種，殊佩其精審而切於事理。十一時唐效實君來訪，謂將赴英考察。芷町來談，中共致函國府否認對外條約事，兼及政務局之近況，十二時卅分去。午餐畢小睡，至二時一刻起。處理函札三緘。致立夫一函。接祖望來談。王中惠親家來談，知其由渝旋京已十日矣。薄暮擬外出，畏寒未果。夜讀「歷史與文化」雜誌。十一時就寢。

2月10日　星期一　上午晴、下午風雨　四十七度

八時十分起。八時三刻到國府，九時參加紀念週，賈部長報告銓敘部工作，條分縷析，內容精要。十時禮成，與雪艇同謁委座，對中共否認國府對外條約事有所報告。十時卅分參加臨時常會，通過監院增加監委二十五人及立委、監委、參政員等本黨同志部分之甄選標準。另通過全會預算等項。十二時散會歸。閱函件數緘。四弟、叔受均有來函，甚慰懷念。午餐後小睡起，天氣大變，風雨之中，間以雪片，寒冷殊甚。三時出席提案委會黨務組，五時卅分歸。夜寒甚，讀書自遣。十時滄波來談。十一時卅分就寢。

2月11日　星期二　雨　四十七度

九時起。發寄四弟一函，勸其悉心調養。寄朱教長一函，為浙大請優予分配復員續發經費事。寄黎叔函，為大哥遺著事。又覆君默一函。處理私人函件六件。十一時到于右任先生寓小坐，談上海民國日報事。余力主其停業，而右公尚存姑息之意也。正午到勵志社，應彭部長之約午餐（為應麥帥之請，派遣赴日新聞代表團，到團員八人），席間被邀致詞卅分鐘，自謂尚有內容。健生、鐵城、立夫亦先後致詞。二時卅分歸寓。午後提案會憲政組開會則不及赴會矣。囑君章前往旁聽，余則小憩一小時餘而起。閱本日參考消息。致顧大使、張岳軍、張平羣各一電。夜核覆行政宣傳配合辦法。十一時寢。

2月12日　星期三　陰雨　四十六度

八時一刻起。九時出席中央常會，總裁主席，通過選舉會規程三種及任免案等。公展兄對滬金價狂潮案有詳盡之報告。總裁即席指示，十一時一刻散會。與季陶談三中全會事。季陶過余寓傾談，留與共餐，餐畢又略談，索安眠藥一瓶而去。二時小睡，至三時卅分起。委座欲余撰新運紀念文告，陳陳相因，殊苦無力為之也。三時三刻到中央黨部出席聯合會報，五時一刻歸。蘭友、立夫來訪，偕訪覺生院長。七時歸寓晚餐。夜希聖來談一小時。讀秦潤卿先生之家書。處理函札六緘。十一時寢。

2月13日　星期四　陰雨　四十六度

八時卅分起。連日晨醒甚少在七時以後，但疲滯不欲早起，允默謂或係服藥太多之關係也。覆潤卿先生一信。覆珊英一信。作簽呈二件。朱經農兄來談上海金潮之內幕及教育界浮動情形，與之討論三中全會問題。彭鎮寰秘書來，託留意工作。午餐後小睡，至二時卅分起。盧主任秘書來談卅分鐘，催其清理積擱之案。接辟塵、約兒各一函。周秘書來談，交來宋元學案類抄五冊，事略二十二年七、八月四冊。覆陳之邁君、張子纓君各一函。接手諭兩件：一、新生活運動文告；二、設考處及研究室。七時卅分應約到官邸，攜呈申報材料十六、十七年二帙，報告各事。八時卅分與王部長雲五、俞部長、谷部長、徐次長等晚餐，十時歸。閱報，十二時寢。

2月14日　星期五　晴　四十八度

八時十五分起。閱本日各報，寫寄四弟及約兒各一函。四弟五日前又咯血，不能靜養，至為可憂，故去函竭力規勸之。十時偕君章同至漢西門昆盧寺吊健兄、實之弟母氏之喪。晤季陶、子壯、蘭友等諸友，敘談一小時許而歸。公展兄來談滬事及和平運動等事。致滄波一函，勸其參加記者訪日團。午刻六弟來談訪日團事。八弟亦來。午餐後作致秋原函。又為函介六弟於朱公亮團長及吳文藻君，與六弟談至二時始得午睡，約三時卅分起。精神甚佳，劉同縝秘書來訪。毓麟來談。旋芷町來談經濟措施等事。夜無事，覆巽、棣兩侄一函。十一時卅分寢。

2 月 15 日　星期六　陰、微雨　四十六度

八時五十分起。九時到黨公巷出席農民銀行常董會議，果夫因病請假，余代為主席。討論事項十六案，兩案保留，一案緩議，餘均通過。十一時散會，與閬聲師略談後歸寓。今日中常會舉行經濟政策檢討會，余亦不及赴會矣。處理函件三緘。亮公來訪，談國大、立院、監院等法規及「中國之命運」事，約卅分鐘而去。十二時卅分到官邸，陪傅斯年君午餐。餐畢二時歸寓，小睡至三時卅分起。接細兒函，又接皋兒天津來函，附瑜華照片，頑健之狀，彷彿瑾華也。修改委座對經濟措施談話稿。陳博生君將赴日本，來談一小時餘去。夜官邸會餐未赴。寫撰新生活紀念文告，約八百言。十二時完畢，就寢。

2 月 16 日　星期日　陰晴　四十八度

八時十五分起。昨睡尚佳，惜晨醒太早耳。九時出席國防委員會臨時常會（在國府舉行），除居院長赴滬外，孫、宋、于、戴均到會。委員長親臨主席，通過緊急經濟措施方案及取締黃金外幣買賣辦法，加強管制金融辦法等五種。又決議國人在國外所存外幣，應限期自行陳報。十二時散會，委座招余入主席室，商改說明經濟措施之文告。一時回寓午餐，餐畢約彭浩徐部長來談，以改定之稿面交之。疲甚小睡，至三時後始起。閱參訊，接讀張平羣覆電。馬社長星野來談，一小時去。夜校閱事略二冊。委座將新生活文告改下，尚無多大更動。覆貞柯函。十一時寢。

2月17日　星期一　晴、下午陰　四十七度

八時卅分起。九時到國府參加紀念週。委座親臨主席，並致訓詞，對政治、軍事、經濟、社會各項均有檢討，勗勉同人堅定信心，注重根本，力行新生活，挽回頹風惡習，講話達一小時始畢。禮成後，在會客室與騮先、冠生等談話，往訪芷町，略談而歸，已十一時餘矣。閱函件四緘，讀中央日報今日之社論甚好。午餐後閱參考消息，擬廢止午睡，但終以疲倦，小睡一小時餘。延陳醫來打針。接泉兒一月卅一日由美發一函。接樂兒函。午後黨務組憲政組會議均未出席。聖芬攜來講詞紀要，為之核改交發。五時卅分到武夷路孫宅，與吳、王、雷諸人會商改組政府事，散會後並與哲生談卅分鐘，七時卅分歸晚餐，餐畢，校讀廿五年八月事略兩冊。十一時卅分就寢。

2 月 18 日　星期二　晴　四十七度

八時十五分起。連日春寒殊甚，夜間幾於點滴成冰。室有盆蘭，亦遲不發花也。閱本日各報及參考消息，大公報對政府之緊急經濟措施旁敲側擊，竭盡抨擊之能事，幸災樂禍之心，充滿篇幅。真不料其一變至此萬刧不復之境，可嘆可嘆！與允默計畫下週回鄉之行，並囑其致約兒一函。對四弟之病況，時在念中。十一時委座約往談話，與鐵城同時入見，談改組政府及三中全會事。今日委座面有倦容，想日來甚勞苦也。午餐畢小睡，至三時許起。擬議設置研究室案。資委會秘書吳兆洪來談。夜讀雜誌二冊，未作他事。十一時就寢。

2 月 19 日　星期三　晴　四十七度

七時五十分起。閱本日報載委座之文告，覺此次措詞用語均尚整潔，而內容亦緊湊，較之用語體廣播為勝多矣。九時到國民政府出席國防會二一九次常會，陳總長報告軍事，王部長報告外交，各委員均有意見貢獻。旋由徐可亭、俞鴻鈞、蕭青萍報告經濟緊急措施之執行情形。通過日常必需品定量定價配售方案及徵收所得稅手續改正案。時已過午，不及討論行憲期中之法規，決定明日下午繼續開會。散會前，與芷町共同商擬令稿一件呈核。十二時卅分歸寓午餐，餐畢處理函札六緘。小睡至三時一刻起。延醫打針。發細兒一信。致陳之邁一函，附寄泉兒一函。又覆三侄一函。六時立夫來談，商定研究室之件。夜閱參考消息。十一時就寢。

2月20日　星期四　晴　五十一度

八時卅分起。今日天氣轉為晴暖，精神較爽，惟患眼球枯燥，想因爐火太熱，空氣太乾之故耳。閱報及參考消息後，議覆中宣部關於國民新聞公司之件。簽呈關於設置研究室之件。又為設計考核處問題，電話請示委座，奉諭名額應改至三百人為度。午後與立夫商談，殊有難色。處理公私函件七緘。接約兒函，即覆之。上午提案委員會開會及經濟政策委員會均未出席。十二時卅分午餐，餐畢就睡，至二時起。核譯文件。三時出席國防最高委員會二二〇次常會，通過國大組織法及五院組織法草案、國大代表選舉罷免法及總統副總統、立委、監委選舉罷免法草案，送立法院審議。七時偕唯果歸寓。晚餐後與唯果談話。希聖來談。十二時寢。

2月21日　星期五　晴　五十二度

八時十五分起。允默昨患骨痛，且有寒熱，今日始稍癒。余以天時驟熱，亦患牙床發炎，精神稍差，但工作仍不輟。為準備歸里，不能不趕速清理未了之件也。九時卅分任卓宣君來談闡揚主義及文化運動事。與之交換討論，約一小時餘而去。沈士遠師過訪，談考試院工作及舊日師友之近況。遠師憔萃殊甚，余殊無以慰之。正午李絜非君來談。午餐後閱私人函件四緘。小睡一小時起。接憐兒十七日來函，即覆一函航寄。接傅孟真函，寄示其論時事之近著一篇。傍晚作函致黎叔、賓甫、孟扶。夜周策縱同志來談。修改講詞兩篇完畢。十一時卅分寢。

2 月 22 日　星期六　晴　五十二度

昨晚睡未熟，中宵又有咳嗽，以致屢次驚醒。七時三刻起，寄吳文官長及盧主任各一函，為設計考核處事。又寄周秘書函，附去中宣部新聞公司之件。早餐畢，改撰祭外舅姑文一篇。閱參考消息，研究三中全會提案。十一時應召往官邸，陪同周鯁生校長及騮先部長進見，談武漢大學事。客散後，又單獨謁見，報告對全會之準備及改組政府案。一時歸寓午餐，餐畢處理函札五緘。小睡一小時餘起。三時卅分到中央黨部出席聯合會報，開會三小時。七時歸晚餐。夜寫寄王編纂及滇生函。又寫寄陳通一函，寄去兒童故事。十一時就寢。

2 月 23 日　星期日　晴　五十二度

八時五十分起（昨晚睡眠中亦患骨痛，允默所患尤甚，想係氣候變遷之故）。準備回鄉各事，整理雜件。再上委座一函，述政府改組中應注意之點。余此次歸里，適值京中事繁之際，意不能無懸懸也。十時卅分芷町來談。十一時岳軍來談政局黨派展望、外交關係、西南近況等，約一小時餘始去。滇生來報告廳務，法制專委會積擱之件百餘件，有時逾二年以上者，殊為可嘆。一時午餐，八弟來談。二時小睡至三時卅分起。實之弟來談。李文齋、劉振東來訪，君章代見之。振夫來訪。星野來談。晚餐後理行篋。十一時寢。

2月24日　星期一　晴　五十九度

八時卅分起。謙五弟婦來寓，同進早餐畢，面囑假期內留意各事。十時偕默及謙五弟婦同至車站，乘京滬特快車赴滬。此班車係上月間臨時加開者，車內秩序甚壞，且無飲水設備，沿途小站均停，至下午二時始過丹陽。購荸薺及麵包，稍解飢渴。然天日晴暖，呼吸春郊空氣，眺望原野，心胸至感閒曠。車中讀祁陽周鵬翥琴公詩存。琴公為周策縱之父，周大謀之叔。七時一刻抵北站，六弟婦及秋陽來接。八時一刻到惇信路寓。良英甥來談。十時六弟來談。彼明日動身赴日本矣。十一時卅分寢。

2月25日　陰　星期二　五十五度

八時起。昨日晴和，有春天景象。今日轉陰寒。滬寓陽臺上之盆蘭枯萃過半，旦姨謂其種不佳也。午前允默等整理物件，余與秉琳、辟塵等通電話。讀回風師遺集。十一時細兒來家，嚴甥以事未能來。秋陽午刻來談。午後二時卅分偕默攜細兒同往福煦路。接謙五弟婦偕至外灘金利源碼頭，乘江雲輪回甬。伯準、士琅、竺培農、良英、澤永兩甥、楊雅宜女士均來送行。臨時改乘特等艙。船公司主者葉全方，琢堂先生之姪，備囑優待。五時開船，晚餐特豐富。室外統艙，盡是鄉音。十時浪漸大，十一時許入睡。

2 月 26 日　星期三　陰晴　五十五度

五時卅分醒。六時船到甬埠，三姪及明鎬來接。七時與三姪等同乘小包車經汽車路（原係甬紹段火車路）赴慈谿。車行甚速，不及四十分鐘即到南門外車站，逕赴楊宅祭外舅九十冥壽。八時卅分往訪程清舫縣長，談三刻鐘。三侄亦來，與之出縣府，到北門外，游覽十餘年不見之慈湖，遇仲邕先生。十時十五分回楊宅，叔眉、君誨、清奇、季劭等自城鄉來，曾祜、健哥、威博諸君自甬來，馮壽梅、周觀顏、黃正銘、袁梅齋皆自甬來，均高校同學也。午後二時易素服祭外舅姑，撰文告哀，在靈前自誦之。三時外舅姑成主，仲車師題主。夜應程縣長之宴，歸來與諸內弟談話。十時卅分寢。

2 月 27 日　星期四　晴　五十四度

六時即醒，七時起。程清舫縣長再來談。八時卅分到後園，啟外姑之殯宮，與諸內弟及親屬等恭送合葬於姜家嶴外舅所營之壽域。執紼者五十餘人。十時到達墓地後，倚闞峯面臨慈湖，洵佳城也。墓工亦佳。十時卅分封窆既畢，乃攜緯、紘兩侄歸城。順道訪貞社、談妙書屋、向祠、普濟寺等舊地，今皆為縣中校址。而縣中學新校舍則二十六年被毀於日寇，已成一片瓦礫矣。流連久之而歸。午餐後一時卅分辭楊氏諸戚與允默攜細兒乘輿出西門而歸。三時抵官橋，五妹適在我家，往謁承美叔祖，遇小梅族兄，榮髦族叔等，十餘年不見，相對悲喜交集。歸家後，永麟哥二侄婦來談。夜十時就寢。

2月28日　星期五　晴　五十四度

七時醒，即起。十一年不返家園，昨晚夢境亦恬矣。早餐甫畢，啟林哥即來談本鄉本族公益各事，謂義田已過至四百六十畝，譜產九十畝，節愛堂七十六畝矣。談至十時，偕婦及妹攜細兒往謁先父、先伯父墓。視大哥之生壙。即由王家橋經後房路至應家嶴謁祖父墓。歸途游覽雞山學校，與筱梅族兄且行且談，並至良八房視宏農君之殯，歸家午餐。與四弟略談。午後小金公、美公等來談。伯先兄來訪。三時偕啟林哥到井頭，問長海叔之疾。坐半小時歸。啟兄、筱梅再來談。夜與五妹及姪女等談。十一時就寢。

3 月 1 日　星期六　晴　五十八度

七時十五分起。臨窗眺望東山，為之蕭然意遠。久處都會，暫時鄉居，其樂彌永也。葉新友甥（余義父陳小湖公之外孫）來訪，託諸暨之店屋被敵偽侵佔，勝利後為縣府徵用未發還事談卅分鐘去。永麟族兄來談。十時後與允默、細兒檢視箱篋，宏農君遺物赫然在目，感慨久之。圻兄著人來問候，覆書道謝之。彼貽余麂肉、燒鴨等物，余無可回贈，以捲煙四聽遺之。午餐後五妹辭別欲歸，與之談話一小時，並商四弟養病之處所。祖蔭表叔自相嶴來訪。今日正午為細兒三十生辰，實為昨日（陰曆二月初八日生），四弟婦治酒食相款，四弟亦同來午餐。思佛侄自甬來家，不見十年，其身長已與余相等矣。與祖蔭叔談別後事。張名文弟及阮衡卿弟先後來商租賃恆豐店屋生財諸事。由衡卿租賃營業一年。四弟已允可，祖叔無異議，余亦贊成焉。季劭兄來訪，商金川醫會事。談董氏諸戚友家之情形，故家寥落，惟聞子咸先生有子維輝，有孫紹衣，能自樹立，望其重振家聲也。客去已三時餘，乃與婦攜細兒及諸姪與二侄婦等同至湖頭山，祭掃先嗣父振家公墓，繼至東山掃父墓。天時轉晴，行阡陌間，氣血流暢，甚感怡適。繼至麂山，掃亡弟勉甫墓。不到十五年，幾難辨認路徑焉。歸祭宏農君墓。薄暮回家，與四弟略談後晚餐。餐畢，與諸侄閒談極驩。十時卅分寢。

3月2日　星期日　上午陰、下午晴　五十七度

七時十分起。盥洗畢，族弟榮甫來談。彼服務錦堂鄉師，今日始歸省也。承鎬叔祖、依雷族叔、依新族叔與啟麟兄同來訪。葉新友甥、偕陳立興姪（上新橋金寶哥之長子）來訪。立興為人作佃，甚樸質。啟麟兄來談土地登記事。應舅母餽肴饌，海叔贈冬笋等。向午與四弟同至雞山參觀，晤校長孫君，教員王君。二十六年新築之教室，塏爽明潔，四弟之力也。到二侄婦家祭慎四世紀祖，午餐特為余等治饌極豐。餐畢，偕允爩女及姪女等謁大宗祠，向遠祖致敬。二時歸，思圻兄又來一函，即覆之。助允整理衣篋，三時後筱梅來談，以物餽之。三侄今日自甬歸，夜再與啟兄談至十時，與四弟、三侄談家事。十二時寢。

3月3日　星期一　陰晴　五十四度

七時起。整理物件，以衣料物件等分贈美公、小梅弟、啟兄等諸人。三侄往視海叔之疾，九時始歸。美公等均來送行。四弟初欲留余多住一、二日，余以京中事繁，不能從其意也。十時與允默、細兒偕三侄及思佛姪自家動身，到葉家站，乘小汽車，十二時抵甬。至招商局訪周厚齋君，小坐後即至鼎新街三姪寓所，應鄔顯章君與三姪之宴。肴饌精美，申之、芝室、于相、涯民、威博夫婦及蔡生同浩等均來會，多年未晤，談笑極驩。又央行甬分行經理何體剛（子毅）、商會長俞佐宸亦來同餐。與于相、涯民商先兄遺著刊行事。三時到江北岸，乘江亞輪（船長江民孚）赴滬。志誠夫婦及叔眉同行。夜與叔眉談。十時寢。

3月4日　星期二　上午晴、下午陰　五十二度

四時即醒，假寐至六時起。七時船抵上海，良英甥及秋陽來迎，允默以事留滬，不及同行回京。余乃偕良英同至車站，順道送細兒回江灣路七號，叩門入內，嚴甥猶未起也。小坐約十分鐘，八時十五分到北站，良敏甥亦來送行。在站上晤立夫兄，知甫自京中來，略談而別。九時開車，乘客極擁擠。十一時抵蘇州，一時過常州，二時十分到鎮江，車中閱霓仙先生詩詞，仲車師六十以後詩文集及亡友朱炎復遺文（計四十五首）。四時十五分抵南京，君章來迎，五時抵京寓。批閱函件。七時到孫公館晚餐。到青年、民社黨多人。九時卅分歸，十一時寢。

3月5日　星期三　晴　五十八度

七時起。閱報及參考件，發寄約兒一信，並致程縣長及甬農行謝電，寄允默函。九時到國府參加國防會二二三次常會，各常委對台省民變事異常注意，發表意見甚多。王外長作外交報告，亦達四十分鐘。討論提案十件，至十二時卅分散會，決定明日繼續開會，即至官邸參加委座約請青年、民社兩黨人士之午餐，到二十餘人，委座與張君勱、曾琦均即席致詞，二時餐畢。與吳文官長等再留談半小時，均以民社黨猶疑遲迴，不肯直截了當參加政府為失望。三時歸寓午睡，至四時卅分起。閱本日參訊及函札八件，覆玉清一函。處理畢後，檢視自家攜來之昔年照片，甚感興趣。夜訪亮疇話別。希聖來談，柏園來談。十時委座約往談。十一時歸，十二時寢。

3月6日　星期四　下午有風　五十三度

七時起。送唯果兄家婚禮，以其女公子九日結婚也。閱報及參考消息。九時到國府參加國防會二二四次常會，各委員對台灣事件又紛起質問，吳文官長謂已將會議意旨報告主席，認為不致擴大。眾以其所言不能滿意，紛紛表示意見，達一小時許乃作成決議三項，呈委座決定。又討論法案及增加預算案約二十件。十一時十分完畢，留致文官長一函而歸。午餐後閱函件，讀傅孟真論文二篇及外報評論。二時後小睡約一小時起。延陳醫來打針。啓煦來訪，談京中採取新聞之困難。鄒效公來訪，託謀事。金誦盤來訪，談租屋糾紛事。五時卅分約希聖來，商文字，並談三中全會之趨勢，深為我黨前途悲憂。傍晚讀亡友朱炎復遺文。八時謁委座（談文告內容），九時歸。十一時寢。

3月7日　星期五　晴　五十四度

七時起。自昨晚起，頗感疲勞，蓋自上月下旬以來接觸紛繁，實太過緊張也。昨晚睡眠又不佳，故晨起精神不甚暢適，作事速率銳減。上午曾小睡半小時，閱報後將委座面示撰擬文告之要點整錄交繕，並附手示要點，錄送希聖兄請撰初稿。此工作至十二時完畢。又作簽呈三件。午餐後皓兒自北方歸來，與談卅分鐘。小睡一小時起。澤永甥來談。閱本日函札數件。四時到劍閣路達詮寓所，與岳、立、雪交換對政局意見。七時歸，立夫來談上海事。八時文白來辭行。夜閱參考消息，並檢閱十五年前之家庭賬冊紀錄。寫寄泉兒一函。十二時就寢。

3 月 8 日　星期六　晴　五十二度

七時十五分起。天日晴朗，而北風甚勁，春寒彌厲。聞平津下雪，甚念九妹與憐、樂兩兒也。裘繼繩君偕姚君來談，卅分鐘去。教部總務司長賀師俊來談各大學教授待遇改進事及當前教育問題，約一小時。十一時到國防會秘書廳治事，約吳鍊才、鄧龢九、秦振夫先後來談，核定報告一件，一時歸寓午餐。餐畢小睡，至三時許起。閱參考消息，處理本日函件。徐佛觀同志來談工作。傍晚唯果來談。今日發泉兒一函，又寄九妹一函。夜八弟、啟煦姪來談甚久。十一時卅分寢。

3 月 9 日　星期日　晴　五十二度

六時卅分醒，偃蹇不欲遽起，八時許朦矓入睡，九時卅分始起。閱報及參考消息，覆俞局長濟時一函。希聖代擬文告初稿昨深夜送來，今日詳細閱之，覺窮源溯委，敘述詳盡，然全文長逾六千言，恐不合發表之用。與君章互閱商酌，亦以為然，不得已只有改撰之一法。爰先將雜務料理，發憐兒一函，致辟塵一函、都良一函，又寄良英一函，十二時卅分午餐。餐畢服藥小睡，至三時起。宗濂來訪，未接晤。四時到勵志社，為李菉漪女士（唯果之女，音樂院學生）、鄭文道上尉（空軍飛行員，廣東人）證婚，並道喜。晤熟友多人。五時卅分歸，寄孟扶、叔受、皋兒及六弟婦各一函（傍晚騮先來談教育甚久）。夜函孟海論文字，贈以冬笋一簍。十二時就寢。

3月10日　星期一　晴暖　六十度

八時起。與委員長通電話，今日未參加紀念週。以近三日來覺精神疲倦，故擬稍作休息，以期恢復體力也。發寄孟扶、叔受函，又寄樂兒、細兒各一函，致黎叔、潤卿函。整理臥室，並理箱篋，使各物整齊有序。今日未閱參考消息及公私函件，心神較為怡適。十二時卅分午餐，一時午睡。天時轉暖，既醒又睡，不覺連睡二小時以上。三時三刻往訪傅孟真，與之同車到官邸，入謁委座，談半小時出。送孟真回研究院，續談一小時歸。芷町來訪。接益弟來函。夜與澤永甥談家事及四弟療病事。十一時寢。

3月11日　星期二　晴、更暖　六十六度

七時卅分起。閱報及參考消息後，電賀吳任滄兄就中央信託局新職。又致谷春帆局長一函，為澤永介紹職務。今日天氣暢晴，竟日陽光煦美，室內氣溫昇至六十八

度，乃始易春裝。向午吳國楨市長來訪，談滬上物價管制及一般社會情形，約一小時去。一時卅分午餐，餐畢小睡，至二時卅分起。李唯果兄伉儷率女及婿來道謝，坐談二十分鐘而去。余今日亟欲起草文稿，乃心思馳鶩他事，不能集中思考，至五時尚未動筆，甚覺內愧於心也。晚餐後檢閱參考各件，仍感著筆不易，迄未屬撰。至十二時就寢。

3 月 12 日　星期三　晴　六十五度

八時起。今日為總理逝世紀念，余為準備開會，未參加謁陵典禮。在寓閱報後，讀提案委員會所擬之憲政案、黨務改革案、經濟案、賦稅案及政治案，其中經濟案內容精詳豐富，無所不包，然多可研究之處。黨務案最空洞，遍讀一過，乃費一小時以上。十時出席第六〇次中常會，居委員主席，王外長報告後，各委對四國外長會議事質詢甚熱烈。發言者九人，至十二時尚未畢，乃不及討論提案。余即先歸，在門首與浩徐、雪艇略談後回寓。接貞柯、潤卿、之邁、良英各一函。午餐後小睡，至二時卅分。送黨部特別捐百五十萬元。延陳醫注射BEFLAVIN 治目疾。接思佛一函，即覆之。又覆貞柯函，致允默函。沈宗濂君來詳談經濟案。夜寫寄約侄一函。希聖來談。十一時卅分寢。

3月13日　星期四　晴、傍晚有風　七十度

八時卅分始起。連日雖仍早醒，而不能遽起，往往醒而復睡，蓋春季氣節之影響也。上午中央常會繼續開會，請假未出席。嗣實之來談，謂各組提案均通過，付全會討論矣。鶴皋來談，約二小時始去。接允默來談，言惇信路房屋事。接秋陽、學愚、都良、盈盈、洪太完、方椒伯諸人各一函。閱參考消息三件，莫斯科會議消息極惡。午餐後小睡至二時卅分起。接善元函。續寄憐兒一函。又函星野，勸其打消辭意。齊世英、徐象樞二同志來談東北事及外交與司法。八時到官邸晚餐，宴胡適之先生、孟真、詠霓、騮先、夢麟、達詮諸人共餐。九時三刻歸，起草開會詞。二時就寢。

3月14日　星期五　陰轉寒、夜下雹　五十五度

昨晚二時卅分方入睡，今晨六時許即醒，醒而不能入眠，至七時卅分起。校閱昨晚所撰之開會詞稿，略加修正而送呈之。閱報知外長會議消息仍極惡。中央黨部組外交政策研究委員會者，此亦常情，然恐項莊之意別有所在也。約翁甥澤永來談中國政治之歸趨，冀以匡正其思想，談一小時。察其意似有所感動焉。十一時倦甚，打針後強為支坐。午餐畢，小睡至二時卅分起。閱參訊及親友與同志來函十餘件。覆約兒一函，玉清、毅成各一函。滄波來談甚久。夜希聖來談。讀悲華經舍文存一卷。意極閒適。十一時寢。

3月15日　星期六　陰晴　五十度

八時起。作致甘次長自明函。八時四十分赴中山陵參加第六屆三中全會開幕典禮，總裁主持行禮，獻花後致開會詞，十時禮成。與聖芬在祭堂左室校閱開會詞稿。十時卅分回城至國民大會堂舉行預備會議，通過議事規則，並選舉主席團，十一時卅分散會。擬約八弟來談未果。午餐後小睡至二時一刻起。接大侄孟扶來函，情意纏綿可感。四時偕哲生、亮疇兩君往謁委座，討論青年、民社黨提改選舉法之意見，五時卅分歸。亮公來談卅分鐘去。七時到常府街陳寓晚餐，餐畢舉行經濟政策研究會十次會議，到立夫、健羣、君山、桐蓀等十人，十二時會畢回寓。一時寢。

3月16日　星期日　晴　五十度

八時十五分起（昨睡較遲以致晏起）。以車子損壞，請借亮公之車，乃承見過，遂與同車至國民大會，參加三中全會第一次大會。孫哲生主席，由王外長作外交報告，至十一時卅分始畢。余被推為宣言起草委員。十二時散會，與亮公同車歸。請中央社攝影記者宣君來寓拍照。午餐畢小睡至二時卅分起。延陳醫來打針。三時出席政治組審查委員會，發言者甚多，決議先請全會定一時間作政治總檢討。五時卅分散會，六時歸。同鄉姚桂卿君來訪，談銀樓業之困難。七時到哲生家晚餐，與戴、倫、展、滄、谷、果、力商宣言，十一時歸。十二時寢。

3月17日　星期一　晴　五十二度

八時起。九時到國民大會參加紀念週，總裁致詞，以砥礪黨德，堅定信心，精誠團結，共濟艱危相勉勵。歷詞四十分鐘畢。十時接開第二次大會，陳辭修總長報告軍事。余奉命往訪胡適之先生談教育問題與改組政府問題等，至十一時卅分再赴會場。陳總長報告畢散會。季陶同車來余寓午餐。談宣言內容應補充「挽回風氣」之一點，至二時許始去。季陶之用心深苦，然其不接觸現實，較余尤過。要之不合時宜，皆體弱心敏累之也。午後未參加小組會，李唯果君來詳談甚久。傍晚沈成章主席來訪，談浙事。夜精神不佳，與祖望閒談。十一時寢。

3月18日　星期二　晴　六十度

八時十分起。猶感矇矓倦怠也。作私函二緘，發寄曜侄及霸兒、陳通等。九時卅分閱報後，到國民大會堂參加三中全會第三次會。今日為外交、軍事等檢討，當檢討外交時，先後發言者均極踴躍，但似多挾有成見。計登台發言者有谷正鼎、田崑山、陳國礎、劉健羣、黃宇人、傅汝霖、劉文島諸人，除傅、劉二人質詢實際問題外，其餘多就一年來對蘇、美、英、法之外交加以抨擊，尤以中蘇關係為集中討論之對象，措辭或太過激昂，或意在譏諷。休息時雪艇即憤憤不平，余勸慰無效。旋繼續開會，雪艇答覆表示引退讓賢，意極怏怏。力子繼起發言，以不能積極爭取蘇聯為憾。正鼎起而激辯，秋原登台，所言極平允。田崑山則失態已極。一場爭辯，於十二時十五分告終。中午中宣部宴會，余未往也。回寓午餐後，小睡至二時一刻起。呼匠理髮，費一小時。鄭彥棻君來談去印之行，與討論立言態度。六弟、八弟、啟煦來訪，六弟新自日本歸來，貽余年鑑多冊，並攜來文藻伉儷函。六弟談日本管制情形，約卅分鐘去。五時卅分于野聲主教來談今後文化方針。約滇生來談經濟案。七時卅分晚餐。餐畢讀沈亦雲夫人所撰膺白先生家傳，並閱各友來函。十時十五分委座約往官邸，與雪艇談話，回寓作函三緘。十二時卅分寢。

3 月 19 日　星期三　晴　六十度

七時三刻起。閱本日中央日報，作函一緘（為林祥光事）。九時到會場，參加第四次大會，知政治組召集人已荷諒解准予解除。今日大會由鄒魯委員主席，檢討軍事報告，發言者程中行、李文齋、任卓宣等七人。十一時卅分先歸，延陳醫來打針。午餐後徐柏園君來談。一時午睡，至二時起。接懋兒函，即覆之。馮伯準世講來訪，託其帶去致內子一函。五時盧主任秘書來談，為核定財部對銀樓業收兌金飾管理辦法。照昨夜向委座面呈請示之辦法，其條文則商徐可亭修改之。李唯果君來詳談。聞延安已攻下矣。夜閱提案文二厚冊，並讀書。十二時寢。

3月20日　星期四　陰、下午雨

八時十五分起。國軍昨日克復延安，今晨各報登載，以和平日報之社論為最精采而得體。九時參加三中全會第五次大會，由吳秘書長鐵城作黨務報告，旋即開始檢討。谷正鼎、葉青、程中行、劉文燦等六、七人發言，語多激昂。末由李石曾先生發言，勗勉全黨勿存悲觀心理，應積極自強，所言極平正而含意深遠，眾皆悅服。十二時十分歸寓午餐後，未及小睡。閱各級黨部對黨務改革之意見共六十餘件，閱畢已三時餘矣。徐士達君來談黨務與政治。夜八時到官邸敘餐，到五院長及常委，與鐵、立、雪、力、鼎等諸人，就民社黨函交換意見。十時歸，十二時寢。

3月21日　星期五　晴　五十四度

六時一刻起。昨晚一時後始入睡，實際僅睡五小時猶不足也。盥洗畢，根據總裁指示，草擬對案十二條。九時一刻繕成，攜往官邸親呈核定。十時到勵志社，先與哲生、亮疇二先生傳閱，嗣民社、青年兩黨李大明、蔣勻田、盧廣聲、湯鑄新及曾、左、李、余等與莫柳忱、王雲五諸人均到，我方到九人，交換意見至十二時卅分畢。推定七人作小組研究。余疲甚，即歸寓小睡未熟，進食亦寡味。餐畢再休息約一小時。五時到劍閣路吳宅與李、左、勻田、大明、柳忱諸人（我方為力子與余二人），雷震亦參加共同研討，至八時卅分尚未完畢，約明日上午十時再談。九時歸寓，閱本日講演詞，核改訓詞一篇。十一時卅分寢。

3 月 22 日　星期六　晴　五十八度

七時卅分起。閱本日報紙及參考消息後，即決定不出席全會，在寓準備宣言文字，取潘、程、羅、李寄來之材料彙合綜閱之。覺事項紛繁，體例不一，須有一個中心意思作貫通全文的骨幹。苦思量久，始悟國父「精神教育」所示之智、仁、勇最合此次宣言之用。蓋「仁」可以說明「固定性」；「勇」足以說明「前進性」；而「智」足以說明「適應性」；得此一解，則矛盾立解矣。唯果來午餐，以此意告之。午後小睡起，意態閒適而不想動筆。閱讀舊作，以暢文機。孔庸之來訪，閽者辭之，知其必見怪矣。夜仍覺文思拙滯，尤其開首為難。牽延至十時一字無成。希聖來談一小時。雷震來商條文。至十二時乃輟筆就寢。

3 月 23 日　星期日　雨　五十六度

五時卅分即醒（昨夜入睡已在晨一時左右），矇矓間心繫文字，不能再睡，六時即起。以隔夜之水盥洗，不欲驚動僕人也。已而天明，乃即著手起草宣言，首段筆力極弱，強自振厲，漸趨自然。正寫至第四段經濟問題，全段將畢，而季陶忽翩然蒞止，詢余文字，並陳述其對於經濟一段如何措詞之意見。余勉抑煩躁而靜聽之，彼竟滔滔不能自已。余只得我行我法，逕自揮寫，彼亦筆記其所欲言者，約盡三紙，凡千餘言，雖言之成理，然詞涉外交及政治，且關於總理實業計劃之序言與結論，為每次全會時彼所必欲納入宣言者，陳陳相因，余已習聞耳熟，幾能背誦矣。談至十一時卅分，余請其以電話商鐵城秘書長，延至明日下午行閉會式，得覆許可，意始稍寬。季陶亦自去。臨行誤將余之打火機藏入袋中而去。午後遍尋不得，以電話詢之，果在彼處，亦趣聞也。季陶去後，續寫外交一段。又徇彼之意，補寫教育一段，再加結論，已無餘力再修改矣。寫成已二時，凡四千五百言，實覺太長。時腹中覺飢餓，略進食即將原稿呈蔣公先閱，一面仍將經濟一段補入季陶之意見。三時就床小憩，不能睡熟，四時即起。旋得蔣公電話，謂宣言已閱讀，甚好，可用。余固知其事忙不欲詳改，未必余文真好也。接何敬之、張曉峯函，寫寄明兒一函，寄去郵票三張。夜蔣公約晚餐未去，在寓讀書休息。唯果來談。十一時卅分寢。

3月24日　星期一　晴　五十九度

七時卅分起。閱全會之經濟改革案及政治報告決議案。九時出席第十次大會，參加宣言起草委員會，與孫、戴、邵、羅、潘、程、黃、蘭友（世杰、唯果未到）諸人就宣言草案重加斟酌修改字句，力子謂此文雖長而不覺長，以一氣貫串到底也。十一時卅分修改畢，到大會聽經濟案之討論。十二時一刻回寓午餐。餐畢休息一小時起。

閱各報及參考消息。三時出席大會，選舉常委，通過經濟案，並通過宣言。六時舉行閉幕式，右任先生朗讀宣言後，總裁致詞，即散會歸。夜虞振鏞、葉宗英伉儷來訪。與祖望談話。十一時寢。

3 月 25 日　星期二　晴　六十度

今日睡至八時卅分以後起。閱中央日報社論，明快而不失立場，知希聖近來精神佳也。張伯謹君來談平市各事。十一時到常府街出席獨立出版社之董事會，溯中等均到會。十二時歸寓，接允默函，八弟、啟煦來談。啟煦詢予編輯上注意要項，以所見告之。一時一刻六弟同來午餐，飯後與六弟談家務。彭國鈞先生來訪，談黨務，亮直耿忠可佩也。小睡一小時餘起，周傳先君（七弟之友，潮陽人，芝加哥大學畢業）來談。百閔、肖賜來談。傍晚滄波來談，貽余淳化閣帖一部，計十冊，殊為精貴。晚餐後讀書。徐可亭君來談。十一時卅分寢。

3 月 26 日　星期三　上午晴、傍晚微雨　六十一度

六時卅五分即起。閱文化服務社之計畫書及業務報告等件，因余為黨股代表人，且中央希望余主持該社之董事會也。服務社創立於二十七年，以經營出版事業為目的，在抗戰中宣揚國策，輔助教育宣傳，推廣各種書刊，尚有成績。二十八年以後，社務由劉百閔君主之。今擬正式改為公司，以利業務云。九時到國府出席二二五次國防

會常會，並舉行中央常會，通過國民政府設副主席案，並討論發行美金公債一億元及三十六年美金短期庫券三億元案。又討論財政案及任免案多起，分別通過。今日委座親自主持，至十二時十分始散。余即驅車至靈谷寺，向戴雨農同志之遺像行禮，今日為其下葬期也。歸途見夾道梅杏盛開，綠柳間之，景物殊美。午餐畢，小睡至三時十分起。延陳醫來打針。四時到香舖營公餘聯歡社，舉行文化服務社股東會。陳果夫君出席報告，選出董監事，繼即舉行董監聯席會議，推定道藩、公展、唯果、孝炎為常董，余任董事長，吳稚公任常任監察人。七時散會歸。八時到官邸晚餐，到楊端六、梅月涵等十二人。十時歸寓。沈昌煥君來談甚久。覆約侄函。十二時卅分寢。

3月27日　星期四　陰雨　五十七度

八時卅分起。昨晚微雨，迄今不止，室內溫度亦降四度以上，此清明將近之節候也。霸兒來函致候，謂南京當已在雜花生樹群鶯亂飛乎。解用此語，亦自不凡。接閱青年團送來之告青年書，文字亦自平順，終覺不能扣住現實，思欲為之改撰，而精神殊屬不濟，乃先將唯果留交之件審定之，備函送其家。官邸約午餐，未赴也。餐畢小睡，至三時起，陳醫再來打針。覆允默一函，澤永一函。國府昨令周佛海減刑，報紙尚未有反響。夜孟海來談文字，以目疾十時即寢。

3 月 28 日　星期五　晴　六十二度

五時三刻起。以隔夜所貯之熱水洗面後，即開始起草青年節告全國青年書。精神疲滯，時間迫促，只得還就原稿，為之修潤補充，並重寫兩段，至十時寫畢即交繕呈。十時一刻到農民銀行參加常董會，決議提案二十五件，與叔明談中華書局事，任滄談中信局事，果夫談中央政校事，一時回寓。秦組長振夫來談。二時午餐畢小睡，以驟熱，甚感不舒，四時起。岳軍來談，已受命擔任行政院長，就余商今後作事之方針，詳談至五時始去。委座交下告青年書之修正稿，即為整理，作最後決定。十時徐柏園來談。夜與聖芬、君章談話。五兒來京。十一時就寢。

3 月 29 日　星期六　晴　七十二度

八時起。表甥葉新友為其諸暨培生堂店屋事來談，約半小時去。鄧龢九組長來談出處問題。岳軍約彼入行政院秘書處，而彼不願與浦逖生同事也。向午陳宗熙君來訪。學素陪張梓銘兄來訪。張君健談殊甚，不脫黔人本色，十二時始別去。午刻接細兒來函，附來憐兒一月底致彼一函，閱畢甚繫念。兒女婚姻問題殊難處也。午餐後小睡至三時起。董霖來談，一任大使，即不肯作司長，其陋甚矣。陳博生君來談訪日之行之觀感，此一小時之談話增余見聞不少。夜閱報及參訊，讀洪佛矢先生之遺文。寫寄貞柯及細兒各一函。十二時就寢。

3月30日　星期日　晴　七十五度

八時卅分起。今日風日和暢，為入春來第一好天氣，身心怡適之至。盥洗畢，閱本日報紙畢，孟海來談蔣氏宗譜等事。謙五內弟偕學恭內侄等五、六人來訪，暢談久之。十時秋陽自滬來，攜來鶴皋、伯楨各一函，談滬上情形。八弟來午餐，餐畢辟塵夫婦來，與辟塵談家事甚久。二時卅分別去，小睡一小時許，多夢而醒。閱允默來函。四時金東平君來訪，談東北報界近況。馬星野兄來談報館各事。徐逸樵君來談日本問題甚久而去。秋陽又與我談四明事，絮絮不休，殊可厭。夜九時李唯果兄來談。旋希聖來訪，與之談政局及黨務，所見皆同，為之一快。十一時就寢。

3月31日　星期一　晴、下午陰　七十二度

八時卅分起。昨晚入睡甚遲，殊怪秋陽之拙笨不能察言觀色，竟以滬友片面之請來京相干求，使余神經又受激刺，心神不怡。臨睡前寫覆函，乃不無憤慨失當之語。仔細思之，實亦不必也。九時到國府出席紀念週，時間尚早，與樹人先生閒談。此公蕭然澹遠，以藝術自見，在政海中可謂隱者。與之談話，如坐春風中。繼與周惺甫先生談，則又是一種氣象矣。今日紀念週薛篤弼君報告水利委員會去年之工作，分江河治防及農田水利兩端，次第述之，對於黃河復口之經過，言之尤詳，工作之艱鉅，障礙之宏多，在事人員之犧牲，均足念也。十時十分禮畢，謁

委座請示二事，並報告一事。與達詮、鐵城等談話，擬本星期內開一國防最高委員會。十一時十五分歸，秋陽來辭別，囑其攜去數函。十二時應辭修約赴補沱路彼寓午餐，互談對國事前途之所見。辭修曰，今人之蔽在只見一面，不見其他面，譬如「內舉不避親」，必須配之以「外舉不避讎」，然今人能之者鮮矣。餐畢二人合攝一影，此為前日所約定者。謂吾二人交情宜留一紀念也。談至二時始歸。仍小睡一小時起。閱參考消息及私人函札，滇生來處理秘書廳事務數事。八時到官邸晚餐，委座約宴中央常委。十時卅分始歸，十一時就寢。

4月1日　星期二　陰、下午晴　六十四度

昨晚微雨轉寒，今晨八時卅分始起。近來睡中多幻夢，想係氣候之故也。九時卅分到中央黨部，出席決議案整理委員會，到李君佩、王子壯、啟江、子弦及余為五人，蘭友、立夫、寒操均請假。對全會交下之決議案疑點，均為審閱而解決之（君佩先生主席）。十一時卅分會畢歸寓。閱參考消息多件，處理函札，發公私函件五緘，整理上月會計冊。十二時到官邸，陪馮治安將軍、蔡文治將軍及訪日記者團諸君午餐，二時始歸。午餐後小睡至四時卅分始起，嗜睡極矣。起後閱海外寄來之報紙論文等件。逑庭來談，良久乃去。午後景物清佳，憑窗眺望，意態閒適，傍晚接鴻鈞部長之電話。夜讀雜誌及文藝作品。十一時卅分寢。

4月2日　星期三　晴　六十五度

七時五十分起，閱報後，代擬委員長交議案二件，又代擬覆胡適之電一件。九時卅分到官邸，與達詮、詠霓、世杰、鴻鈞、夢麟同見委座，奉諭即日將回奉化，約一星期回京，囑分別在京負責。十時卅分出席中常會第六十三次會議，奉推定研究中宣部職掌，十一時三刻會畢歸。滇生來談公事，分別指示之。午餐後小睡一小時起。皮宗敢參謀夫婦來談。唯果來談。傍晚魏友棐君持潤卿函來談。閱參訊及資料各一厚件，並閱私人函札五件。夜積明自滬來，芷町來談，約兩小時去。作覆函四緘。一時寢。

4月3日　星期四　晴、有陰霾　六十四度

八時五十分起，積明已巡行山西路小學而歸來矣。閱報後研究于相先生所撰先伯兄墓志銘，覺可商之處太多。于相文詞淹雅。而此文竟不能摹寫先兄之生平。敘行誼則簡誨不彰，論文字亦殊嫌敷淺，獨於科第仕官則不惜敘之極詳，而於伯兄之才性超溢，博涉橫通，在學術思想上之成就，則未有記述。余初不料于相識大哥如此之淺，意者誠如其來函所言，適值遷居在亂紙堆中匆率為之耶，然則亦太負故人矣。文字之道殊屬難言，念念悒悒，凡二小時餘始決定約孟海來商，面囑其就原稿補充之。我實不忍阿兄傳志之失真，使地下含恨也。午餐後蒙古代表白鳳兆、吳雲鵬（立委）、紀貞甫（監委）三人來見，陳述邊政機關務使得人，意在推薦白雲梯君，余允為轉陳，惟告以蒙人應信任主席。旋林佛性君來談，約一小時去。小睡殊未熟，起而讀書。發寄四弟、約兒各一函。本擬出遊，以風大而中止。芷町來談一小時餘去。盧滇生主任來談，決定下星期一舉行國防會常會。蔡文治將君來訪，魏友棐來謁別。力子伉儷來寓視積明，貽糖果一盒，義母之愛，不疏十年前也。與力子夫婦談家常，甚為懽洽。夜九時往訪岳軍主席，談新聞局及他事。歸閱情報件及本日函件。十二時寢。

4月4日　星期五　晴　六十五度

昨夜睡極酣，今晨醒而復睡（昨夜服藥較多，且連日少睡之故）。起床時已九時卅分矣。今日為兒童節，氣候轉好，豔陽絢麗，不禁動郊遊之興。急將應料理之公務辦好，與張壽賢秘書通電話（乃建來談林祥光事，及政府改組事約二十分鐘）。十時卅分攜皚、明兩兒出游。先至明孝陵前賞櫻花，入殿瞻仰畢，驅車過國父陵墓，未下車，逕至靈谷寺，謁陣亡將士墓，並游紀念館。又至誌公禪院觀牡丹，含苞未放。過譚墓前略一觀賞，遂入城。出玄武門，游後湖五洲公園，到處遇見一隊隊可愛之兒童，滿懷怡暢，遇有幼兒，不禁以手撫摩其額。與兩兒步行，環堤一周，又至「非洲」游覽。風光大好，顧而樂之。各食麵一碗，時已一時卅分，乃進城。游北極閣，又至雞鳴寺游眺。余求籤三紙，首問時事大吉，繼問自身健康，籤話勉余以樂觀保養（有「此日中流自在行」句，神之厚我至矣）。又問家庭事亦諧余意。暢遊既畢，遂同歸寓。適得默函，筆墨條暢，想見其近日心境之佳。四時核定國防會之議程後，赴中央日報之約，與新命、希聖、星野及李荊孫、聞一博、陸鏗暢談二小時，即在二樓敘餐，飲酒三杯，參觀各部後，攝影留念，八時辭歸。三兒亦來寓，圍坐閒話，語笑情親，諸兒均樂，余亦怡然。繼與五、六兩兒同觀泉兒所集之照相冊，歡談許久，至十一時散。十二時就寢。

4 月 5 日　星期六　晴　六十八度

七時卅分起。寄約兒一函。閱今日各報及參考消息四件。九時到中央黨部參加宣傳機構職掌畫分之小組會，浩徐、同茲二君赴滬，余與道藩、劍霞等三人會談，並請孝炎參加討論，決定原則四點，至十一時五十分散會。歸寓午餐，餐畢讀書一小時後，小睡至三時卅分起。接涯民兄函，商大哥遺著編目及去留文稿之標準。又接孟海來函，改定大哥墓志銘，費時一小時。讀柳先生所為大哥傳，視于相之文，乃如神駿之與畫馬（韓幹所畫之馬畫肉不畫骨）矣。黃強來談報館事。滇生來談公事。夜學素來長談，十時卅分始去。十二時寢。

4 月 6 日　星期日　晴　六十九度

七時卅分起，室內盆蘭七盆，五盆已憔悴萎謝，而最初所植之二盆，則芬芳郁烈，香溢几案，顧而樂之。早餐後讀參考消息五件。通知滇生，明日將有職業代表來廳請願，囑為延見。十時洪君勉兄來談工作之抉擇，約四十五分鐘始去。接皋兒來函，發皋、樂各一函又覆威博一函，寄三侄及于相各一函，寄四弟一函。午餐後擬廢止午睡，乃春風薰拂易感疲倦，又睡三刻鐘始起。作致允默一函。三時卅分道藩來，與之同車出外作郊遊在陵園路茅山路前下車，循山徑以達譚墓，且行且談，觀賞風景，至饒清趣。在誌公寺後院啜茗，流連至七時回城。此游甚覺痛快。夜讀庚戌日記及昔日論文。十二時寢。

4月7日　星期一　晴陰　六十九度

八時卅分始起。昨晚多夢，睡不酣適，又遲起也。九時到國府參加紀念週，吳鼎昌竟不到，其怠弛甚矣。居先生主席，白健生部長報告臺灣視察之經過，約五十分鐘而畢。接開國防會二二六次常會，外交報告甫畢，王秉鈞、劉文島等忽對台灣事紛紛發言，姚大海、朱家驊、鄒魯應和之，卒亦未獲決議。王曉籟等為職業團體代表名額事來會請願，推王啟江、張道藩二君代見之。十一時後始討論議案，僅通過一案，餘待後日再議。十二時卅分歸，午餐畢，閱報及參考資料三件。小睡一小時。金東平來談。唯果來談。夜孟海來談。作家書。十二時寢。

4月8日　星期二　晴、有風　六十五度

八時卅分起。接滇生電話，詢國防會例會是否舉行，告以暫緩，九時五十分與哲生通長途電話，告以國防會定星四開會，討論職業代表名額更改事，詢以何日回京。詎彼出言不遜，毫無禮貌，竟謂聽憑決定，我不歸來，躁狂至此，一何可笑，不禁嘆息。鄒尚友公使（希古）來談阿富汗國情，約半小時而去。十時後處理文件，並改正總裁在三中全會紀念週講詞一篇。午餐後小睡一小時起。接綽兒、辟塵函，言張海叔一日長逝，善人乃不永年，無任悼痛。四時到碑亭巷光華攝影二幀。過鼓樓頭條巷訪友未遇，五時歸。雲五來談。旋馬星樵來談。夜讀雜志一冊，作函五緘。十一時寢。

4 月 9 日　星期三　晴　六十九度

七時五十分起。昨夜睡極酣，今晨猶倦慵不欲遽起也。晨餐畢，閱函札及參訊等多件，為周生策縱題字，贈其父聆琹先生六十壽，不嫻韵語，滋以為愧。吳尚鷹君偕馬星樵君來訪，談職業代表名額事，談卅分鐘去。改定修能圖書館記，寄魏友棐君轉交都良。都良文字太濃郁，有做作痕跡，或以代撰有所矜持歟？余以為不如學愚之潤澤也。午餐畢小睡一小時起。寄黎叔、賓父各一函。今日上午與允默通電話，知其明午赴杭州矣。四時芷町來，約同遊靈谷寺，穿山徑謁譚墓而歸。傍晚滇生來，面洽議事日程。滬錢業公會朱旭昌、沈日新、陸書臣三君來訪，謙五弟來談甚久。十二時寢。

4 月 10 日　星期四　晴　七十度

八時十五分起。致九妹、七弟、皋兒各一函，又寄允默杭州一函（託黎叔轉寄），寄滄波一函。閱本日參考消息，並核定國防會呈稿二件。十一時道藩來談職業團體代表名額事。旋吳國楨市長來訪，徵詢關於市府秘書長之意見，談約卅分鐘而去。午餐後小睡至三時一刻始起。赴中央黨部參加聯席會報，鐵城先生主席，聽楊高級參謀正治之報告及鄧文儀君之報告。五時先退，約謙五偕祖望游雞鳴寺，再求籤詩二張，均上吉。茗談一小時，至梁園食烤鴨。八時卅分歸寓。閱報告、譯件及議案。十二時寢。

4月11日　星期五　晴　六十六度

七時起。昨晚入睡已遲，晨六時即醒，然氣候晴美，雖少睡不覺甚疲也。與岳軍通電話。發良英甥一函。閱情報參考資料二厚冊。九時出席國防會二二七次常會，先與達詮、鐵城、寒操、正綱、浩徐等洽事。九時十五分開會，于先生主席，通過國葬案及其他要案計十八件，對國葬案討論最久，以聲請國葬者人數太多，照條例以投票表決，在場人數三十人，結果張自忠將軍得二十四票，蔡元培先生二十二票均通過國葬。李烈鈞先生僅得十六票，格於三分之二之規定，乃不得與，滋可惜也。此外要案有：

（一）公職候選人檢覆停止舉辦；

（二）立法院預算意見之審查報告；

（三）建警方案；

（四）試行警員制方案；

（五）預備幹部徵集訓練管理條例；

（六）檢察官制度照舊施行；

（七）考試院組織法之修改案。

開會時職業代表十二人來請願，寒操代見之，並決議立法委員職業選出之名額，照國防會二二〇次決議予以增加。十二時散會歸寓，午餐後小睡一小時餘起。撫庭中之蕙蘭日益壯茁，極可喜，計再遲十日可開放矣。閱十年前日記，聊以自遣。道藩來訪，出示君雋畫像，與之商榷。力子來，贈大哥輓聯，立言懇摯，並談駐會參政會情形。四時到香舖營參加教育法制兩專委會審查會，審查管理獎勵中醫藥之案件。夜仍閱舊日記。八弟來談甚久。十一時五十分寢。

4 月 12 日　星期六　晴　七十一度

八時十五分起。今日天氣更煖，大有暮春景象。余連日舒暢之精神，至是乃稍感疲軟。上午處理公私函札十餘件，作簽呈二件，為大哥遺著事致涯民兄及賓甫各一函。又寄叔受一函。馬星野君來談中央日報訂購機器事。洪𧋈候（雁賓之子）偕湯葆甫來談。十二時卅分午餐，餐畢閱報及參考消息，小睡一小時餘起。擬料理私人函件，實之弟來談，不得不中止工作。旋八弟來約出遊，以有他約，乃不得如願，甚悵。四時三刻鐵城來談中政會事及政局。接允默來函。夜審閱出版法。朱騮先君來談，約二小時，遂不復作他事。十二時寢。

4 月 13 日　星期日　晴　七十六度　理髮

七時卅五分起。連日臨起床時又常覺腿腕骨節酸痛，豈氣候轉變之故耶？委員長昨由杭到滬，計明日當可回京矣。此十二日間，余游息之時多，作事之時少，計未了應料理之半公半私件尚有十五、六件，今日擬全力掃清之。然天氣驟熱，精神易倦，乃鮮成就矣。為程清舫寫管子三則，又題慈湖校刊，均即寄去。午刻胡秋原君來談，約一小時。此君通敏可愛，願其精進於學，則前途無量。

午餐後熱甚，小睡未熟，起覺頭痛。五時呼匠理髮。天陰未雨，作雷數響，旋又轉晴，開窗則太熱，吹風又太涼，所謂乍寒乍暖時也。覆四弟一函，論取予之道。作親友函札十一件，腕為之酸。夜十一時就寢。

4月14日　星期一　晴　七十九度

七時三刻起。昨服藥適量，而睡仍不佳，蓋被褥太暖之故也。今日紀念週由張溥泉先生報告十六年清黨之意義，十時一刻始畢。在國府開中常會一、二、四小組聯席會，審查關於組織、宣傳、文化、政治結社等案件，計七案。與慕尹談話。十二時十五分歸寓，與君章略談，彼昨日由崇明來也。委座一時卅分回京，凡出巡十二天。午餐後天氣更熱，午睡不能入眠。接賓父來函，致貞柯一函。傍晚徐柏園君來談。今日核閱國防會文件五件。八時委座約往官邸晚餐，到行政院各首長，談物價問題，王外長報告外交甚詳。十時五十分歸，十一時卅分寢。

4月15日　星期二　晴　八十二度

今日實行夏令時間，晨七時五十分起，天氣更熱，有如初夏。核定國防會文件一件，閱本日各報及參考消息。澤永寄贈派克墨水筆一支，來函謂此筆將寫出極有意義之文字，故請接受。當引為殊榮，即覆函謝之。顧季高君來訪，談國際銀行事。周宏濤兄來談回奉之行概略，約一小時去。午餐後小睡未熟，一時卅分起。六弟來談家鄉近事，帶來允默一函，擬暫緩來京，即覆一函。五時卅分到武夷路孫宅會談，商施政方針發表方式，余為擬前言。偕立夫同寓略談。八時卅分到官邸，與岳、雪兩君同侍餐。十一時歸，十二時寢。

4月16日　星期三　晴　八十五度

晨七時五十分起。昨晚睡約六小時，殊感精神困倦。閱各報及參考消息後，九時到中央黨部出席第六十四次中央常會。與岳軍研究新聞局組織。與浩徐研究中宣部編制，余主張將科縮減為至多十二科，即以草案當面交還浩徐再酌。九時十五分開會，總裁親臨主持，討論國府改組後施政方針（即實行和平建國綱領之基礎條件），蕭錚、谷正綱、張道藩、姚大海、田崑山等發言，對第四、第六、第八、第十二各條均主張有所修改，孫哲生及余分別說明，最後總裁謂不必多作文字內容之推敲，結果大體通過。總裁先退席，哲生為主席，繼續討論例案，十二時五十分畢。一時到官邸，與鐵城、岳軍、立夫同入見，商討府委人選，同進午餐。餐畢略談，至二時歸寓。小睡未熟，天氣悶熱之至。接允默電話，囑其在滬稍待，余仍擬回鄉祭奠大哥也。羅志希、張維楨伉儷來辭行，志希赴印任大使也。皓兒來家，未暇與談。約滇生、錬才、振夫商明日議程及國防會結束事。為委座擬致尼赫魯函稿，發志希密電。函邵秘書長附去施政方針。八時到官邸，委座約請于、鄒、張、孫、果、文範、力、雪、鐵、白、誠、厲、鼎昌等晚餐，談國府改組事。九時卅分曾、左、陳、余及君勱、勻田與德惠、雲五等來談，民、青兩黨正式提出府委名單，敘談至十一時散。與岳軍同車歸寓。十一時就寢。

4 月 17 日　星期四　晴　八十五度

七時三刻起。今日接洽事項紛繁，工作至為緊張。晨起閱報及參考消息後，整理交議之件。九時卅分奉約到官邸，與吳文官長同時進謁，商定發表施政方針等手續，並由主席決定以陳立夫君擔任設計考核長，談二十分鐘辭出。往訪于右任先生於其寓所，告以國府副主席人選及今日下午會議要案。十時卅分歸寓。鐵城、立夫來訪，奉命初步審擬中政會委員及新聘國府顧問之名單，彼此商討約一小時餘，殊感安排之不易。十一時三刻張道藩兄來談，立夫決不願擔任設計考核處，並談對於地政部事之意見。蕭同茲君來談改組中央社之計畫。曾虛白君來談國際宣傳處之組織問題。一時與立夫、鐵城到官邸午餐。總裁核定名單，並改任立夫為中政會秘書長。二時卅分歸，與岳軍、鐵城等通電話。四時到中央黨部出席中常會，選任本黨府委、五院長及副主席，接開國防會，討論新聞局組織條例等。與力子、浩徐等談話，五時卅分歸寓。立法院史太璞秘書來訪，即與同至秘書廳，囑鄧翔宇君辦發文，以明日立法院開會，將討論新聞局條例也。七時返寓，唯果攜主席談話稿來訪。客去後疲甚，與亮疇先生通長途電話。夜九時皮爾顧問及彭部長來訪。希聖、芷町來談。十一時卅分芷町去，遂寢。

4月18日　星期五　晴　八十六度

七時五十分起。今日國府頒布明令，任命溥泉、海濱、惕生、禮卿諸先生及子文、詠霓、章嘉、亮疇、夢麟、力子、雪艇及余等十二人為國府委員，岳軍為行政院長，餘四院長仍舊。以立夫為中央政治委員會秘書長。初時本黨中央均望余擔任中政會秘長，幸蔣先生知余堅辭，諒其苦衷，故以此席另屬他人，余自茲不必當黨政之衝，而可以較超然之地位，彌綸其間，私心至為幸慰。惟隨余同事諸人無可安插耳。十時國府舉行定都南京廿週年紀念，蔣先生親臨致詞，並招待記者，發表談話。余上午約滇生來談下次國防會之議案，又核閱交議要件三件，審閱中央社改組方案。十二時卅分與鐵城、岳軍、立夫同謁蔣先生，商討國府委員會成立事。奉諭國防會改下星一開會，而國府委員會則準備於星期三開會。如此則大哥葬期余乃不克回鄉矣。蔣先生命撰某件，二時卅分回寓小憩後，即至達詮之公館代擬談話稿，與雪艇共同商定後發表。歸來閱講演稿。滇生又來談，面商提案四件，處理積案六件，並指示結束事宜。商參軍長過談一小時。乃建兄來談約一小時。接細兒來函。夜八時始得晚餐。逑庭來談。擬電稿二件。函厲生託明日出席參政會。與岳軍鐵城等通電話。改定軍官訓練團講詞。十一時夜車離京赴滬。

十二時寢。

4月19日　星期六　晴　八十二度

晨七時車過安亭即起。盥漱畢，至鄰車臥室，覓謙五弟來談話。八時到滬北站，皚兒以車來迎，即同至惇信路，允默等猶未早餐也。六弟及八弟婦來訪，談卅分鐘去。侄婿郁永常來，託其帶歸各方輓誄大哥之書件約十餘幅（于先生輓曰「早為人類爭平等，晚以詞宗老戰場」；陳芷町輓曰「詩筆合黃雙井陳后山為一派，暮作與明夷錄鮚埼亭共千秋」）。並致孟、叔二侄函。此次大哥會葬，余不及參與，甚耿耿也。十時卅分貞柯偕椿仙表妹來訪，不相見者四十五年矣。攜其女菊英、子仰剛同來，談敘舊事，知其所適魏家，與我家仲祥嫂為至戚，其妹葵仙亦同來，詢及維精弟之後裔，謂僅存一子，零落甚矣。留共午餐後，又暢談一小時餘。旦姨為彼愛國女學校時代之同學，與之同敘舊誼。余以倦甚，午睡一小時。與澤永甥略談。四時後八妹挈子嫻、協羣兩甥女來訪。八妹手臂受傷後，屈伸不能自由，近稍瘥矣。與之談四弟療病事及家事。家珍族弟來談鄉里宗族情形，嘉慶生藥業擴充之計畫及雞山基金與助學金問題，長談二小時始去。秋陽來訪，竟不及與談，略寒暄而已。夜良英來晚餐，餐後與八妹諸甥、甥女等閒話家常。九時卅分良豪、良敏二甥同來訪談。至十時俞欽來。十一時寢。

4 月 20 日　星期日　晴　七十四度

晨七時卅分即起（凌晨六時醒，醒後再睡，約一小時，近來輒患晨興太早，其實睡眠不足也）。盥洗畢後馮甥盈盈來訪，述其婿松年扶病作事，不堪辛苦，堅欲余為之進行中紡公司事。余告以已為去函束士芳君，或有成功希望。盈盈又談其父母兄弟近況，約一小時去。吳啟鼎君來訪，談四明銀行近情，對余出任董事，謂同人咸表示歡迎。嗣又談及立法院議決小四行純粹商營事。余告以此事以估值為先決問題，而老股東是否優先承購至堪研究。知彼來訪係探余意向，故不得不以事理直告之也。以電話詢亮疇先生，知已回京矣。十時卅分細兒來寓，詢其近狀，與談憐兒學業及婚事。王福清侄來訪，率其子女四人同來，以三多堂壽言徵題。其幼子懷頤、懷德均天真活潑，而懷頤尤可愛，談至十二時許去。志騫侄亦來訪，約同午餐。餐畢小睡，至二時一刻起。與細兒談家常，為嚴子諤君作介紹函。旋良英甥亦來訪，談所託諸事。四時後天時驟變，陰寒欲雨。嚴甥君默來談，傍晚七時去。張明鎬君來訪，瑣瑣託事，不明事理，其懵懵無覺可為驚詫。巽兒、棣棣隨六弟來訪，棣棣極解事，甚愛憐之。晚餐後秋陽來話別。十時卅分與允默同至北站乘車回京。十一時卅分寢。

4 月 21 日　星期一　陰、午後晴　六十六度

六時卅分車過堯化門，匆匆收拾起床。七時五分車

抵下關，祖望、君章以車來迎，即與同歸湖南路寓所。知竺聖章君昨有小恙，故未來接也。抵寓後，披閱要件八、九件，補閱本日國防會之議案。九時到中央黨部，出席總理紀念週。今日到會各中委極踴躍，與從前在國府舉行之紀念週相較，別有一番氣象。蓋在政府為肅穆，而在黨部舉行則倍感親切，如歸家庭，此同志所共具之感想也。總裁親臨主持，特致簡短訓詞，以努力實現三民主義為同志勗。九時卅五分禮成，開中央常會臨時會。事前與鐵城、岳軍、達詮同入見，十時開會，通過修改國府組織法，對第一、第十五兩條均有修改。接開國防最高委員會二二九次常會，通過國葬李協和先生及修改監察院、司法院組織法等要案。又通過參政會組織條例修正案，暨財政案十一案。十二時散會，與浩徐、立夫、岳軍、亮疇略談，並與達詮酌定國府委員會會議規程而歸。午餐後，小睡未熟。今日忽覺頭暈及胃部不寧。三時延醫打針。鄧友德君來訪，談宣傳方針及個人志趣。董顯光來談新聞局事。客去後閱參考件九件，處理函牘十一件。立夫、井塘來談中政校事。八時晚餐，夜未作事。十一時寢。

4月22日　星期二　陰、微雨　六十度

七時五十分起。發沈陶古兄一函。閱本日各報及各方函電。立夫、井塘來談中政校事。學生反對蔣經國君代理教育長，昨夜立夫到校勸導，未接受。知畢業同學及系主任均在勸導中。十一時立夫去，楊雲竹君來訪，日內即動身赴美，任遠東委員會專任顧問。與之談外部東亞司及駐日代表團各事，約一小時。午餐後小睡起。立夫又來談，知委座對政校極失望，決辭校長職，囑立夫前往宣布。立夫邀余同行，與之偕往。旋鐵公亦來，井塘亦同行，乃偕至禮堂，向諸生宣布此事（由立夫宣布）。在教職員室略坐即歸。立夫仍來余寓商談善後，殊覺無妥善之方法。接教部杭次長電話，謂學生代表十一人午後三時餘到部請願，由杭代見，再四向其開導，而彼等似無轉變之表示云。余與立夫商酌，以為此事只有先請果夫及騮先二人即日回京，共商處理。蓋蔣先生不滿政校已非一朝一夕之事，而今年復員以後，校紀廢弛，最近學生風氣更見囂張，乃有如此離奇之行動。故余以為非根本改制，澈底整理，無以重立學校之基礎也。辦教育而不以通常教育之原理行之，鮮有不僨事者。二十年歷史，恐竟至中斬，亦可為殷鑒矣。劉經扶、劉愷鐘來談，竟欲在吉安辦報，真可謂不明環境。五時彭浩徐、許孝炎、蕭同茲、李唯果四君來商中央社改制之方案，各人所見不同，余主張國營，不主張由報社公營，約星期五再議。唯果留談，一小時而去。接岳軍電話，告行政院各部人選，明日提國防會。夜八時晚餐。孟海來談一小時而去。閱參訊五件，核閱講詞稿一件。十一時五十分就寢。

4 月 23 日　星期三　晴　五十六度

八時卅分起。略進早餐後，即至國府參加中央常會及國防會之聯席會議。決議：

（一）行政院張羣同志提出本黨產生之政務委員（彭學沛、雷震）及各部會長（內政厲生、外交世杰、財政鴻鈞、社會正綱、國防崇禧、教育家驊、地政敬齋、水利篤弼、糧食正倫、資委會文灝、僑委會維熾、新聞局顯光）照通過；

（二）決議原由國庫負擔經費，因政府改制而廢止，或裁併改隸之機關，其臨時費仍由國庫支給之；

（三）行政院呈，台灣設副首長案，准予備案。

散會後，在休息室小憩，十時舉行第一次國府委員會。除居、戴、鈕、鮑爾漢、伍憲子外餘均出席，主席宣告國府委會成立，勉同人一心一德，努力實現憲政，完成建國使命。議決：

（一）會議規程修正通過；

（二）政院政委及部會長人選全部通過。

攝影散會，與岳軍同出會場，新聞記者紛紛探詢消息。十二時歸寓午餐，餐畢小睡起。公展來談，託攜去一函，寄新之，為浙大購書事。延醫打針後，出席政治大學校務會議，到十一人，討論至六時卅分歸。發明玕一函。劉愷鐘來訪，與之略談。趙步霞君來，與談教育及政治。八時主席官邸約新任府委晚餐，與黨外諸君懽談。餐畢在官邸演電影海軍片招待。十一時卅分歸，八弟來談。處理文件。十二時寢。

4 月 24 日　星期四　微雨　五十九度

八時十五分起。覆滄波一函，託購羅素西洋文明史。將大哥傳（柳翼謀先生撰）寄中央日報發表，因今日為大哥葬期也。余幼承教誨，竟不及送其下葬，六十載兄弟，自茲黃土一坏，幽明永隔，至為黯然。歐元懷校長來訪，談大學教育。陳書麟海軍少將來訪，為作函介紹於魏道明主席，請畀以基隆港口任務。上午便如此匆匆過去。劉愷鐘又來訪，未及見也。正午六弟來，午餐畢，與之談七弟銓敘事及九妹婚事。一時卅分午睡一小時許起。三時到中央黨部出席聯合會報，六時歸。與唯果談甚久。夜與祖望談話。閱參訊，處理函牘，改講稿一篇。十二時寢。

4 月 25 日　星期五　晴　六十四度

八時起。致七弟、泉兒各一函，託楊雲竹兄攜美。九時十分到農民銀行參加三五二次常董會，決議提案十九件。接開農業保險公司常董會，十二時十分會畢，與果夫、叔明、藹士略談歸。一時午餐，餐畢延陳醫來打針。二時卅分曉滄、逑庭兩兄來訪，談一小時餘去。中政校王慕曾、張金鑑、王鏡清、江觀綸、黃懋材五君來談學校事，一小時餘去。浩徐、孝炎、同茲、博生、唯果來商中央社改組事，又談一小時餘。唯果留談文字及青年團事。七時立夫來商中政會事。八時晚餐畢，閱報，芷町來訪談甚久。十一時五十分寢。

4月26日　星期六　晴陰　六十六度

八時卅分起。盥洗進餐畢，閱本日各報。余家菊之子余傳珊來訪，談出國計畫。楊玉清同志來談三民主義半月刊之編輯發行情形及下年度之規劃，談一小時始去。盧滇生兄來接洽國防會秘書廳結束事宜，十二時去。午餐畢，小睡一小時許起。中政校同學會書記長黃懋材攜函來談。三時十五分吳鍊才來談中政會首次會日程。張壽賢兄來，出示季陶來函（致鐵城者），為之搖首太息，徒喚奈何而已。四時二十分往訪于先生於其私邸，談二十分鐘，偕至官邸，與厲生、立夫同見總裁，討論中政校之善後。總裁感慨萬狀，余等無法進言。旋與立夫請示中政會開會事，並談中宣部人選。七時歸。夜九時杭立武來談。校改講演詞三篇。十二時一刻寢。

4月27日　星期日　晴　六十八度

八時起。晨醒太早，睡眠殊不足也。盥洗畢，閱報及參考件。逑庭學兄來談。十時卅分往中國殯儀館弔於憑遠兄夫人之喪。十一時歸，實之來談。正午八弟來同午餐，以天時晴美，飯後約同出游，與允默、八弟、實之同出太平門至郊外紫金山第二峰，參觀天文台赤道儀、變星儀、子午儀等，職員陳君熱誠引導，歷一小時餘始畢。眺望峰下左江右湖，全城在挹，心胸為之一怡。繼至靈谷寺，行山徑二里許。歸途入寺賞牡丹，則已經雨凋謝矣。入中山門到雞鳴寺啜茗，又至吳園吃點心。七時十五分回寓，凡出游六小時。皓兒來寓。樓韵梅女士亦來訪。晚餐後為主席代發伍憲子電及柏烈武之唁電。與岳軍電話中洽事，作致叔受、季劭書。十時五十分就寢。

4 月 28 日　星期一　晴　七十二度

七時三刻起。昨夜睡極佳，睡足八小時，為一月來所未有也。九時到中央黨部參加紀念週，谷正綱同志報告社會行政工作，約四十五分鐘畢。十時一刻接開中央政治委員會第一次會議總裁親臨主席，通過：

（一）行政院政務次長（本黨同志）人選；

（二）專門委員會組織通則。

十一時卅分散會，與可亭、岳軍商預算案之手續。十二時歸午餐。餐畢，閱報及參考消息後，小睡一小時起。核發覆函八緘。致公展一函，為指正登載消息。五時偕允默出外散步一小時。旁往邵文煦、陳繼深兩君（皆和平日報記者）來訪，談卅分鐘去。夜讀武進唐玉禮所作詩。十時五十分就寢。

4 月 29 日　星期二　微雨、陰　六十八度

八時卅分始起。昨夜睡眠亦尚佳，惟患消化不良耳。閱本日各報及參考消息，冀、魯、晉戰事均極猛烈，地方犧牲甚矣。以徐逸樵君之意見書送商震將軍。十時中政校畢業同學王慕曾、黃懋材、汪茂慶、朱國材四君來訪，談學校事，余告以必須從整飭風紀入手，將由教育部

研討辦法。吳國楨市長自滬來京，談物價問題，約一小時許而去。午餐時實之弟婦來，餽余朱櫻一盤，味極甘美，此南京佳菓也。惟果來談自身之出處甚久。小睡至三時起，氣候變化，精神甚不暢。錢荔浦秘書來談中政會預算事。接皋兒函。夜無事，讀四照堂詩。致皋兒、遂、迪各一函。十一時卅分就寢。

4月30日　星期三　晴　七十二度

八時十五分起。昨夜為蚊子所擾，中夜醒三次，幸下半夜尚能熟睡。九時出席中央常會，討論中宣部組織法，修正通過。繼討論應否訂定政治結社法或政黨登記法問題，各委員熱烈發言，各具理由，哲生先生以為絕對不應採限制主義，否則即違背憲法精神。溥泉先生反對之，力子先生提折衷意見，較為允當，但爭辯一小時以上，卒無定論，可見在此矛盾局勢下，決擬定策之非易矣。旋又通過縣市黨費籌備辦法等案，十二時歸寓午餐。接泉兒十七日發函，寄來瑾華照片兩幀，天真活潑，甚為可愛，其面頰豐滿，與瑜華相同也。又接何學愚弟函，寄來吟苡兄之事略，擬稍暇為之撰墓表。一時後小睡，至二時卅分起。慶蕃來函報告五和廠事。四弟來函告大哥安葬情形。四時希聖來談，擬約君章任中央日報主筆。五時毓麟來長談約一小時餘。此君自視太高，所如不遇，余屢以微言諷勸之，而彼殊不領悟也。滄波、公展先後來談報館事及滬上諸事。七時卅分晚餐，餐畢唯果來談，竟謂願意辦教育，其志可喜也。力子伉儷來訪，余與允默同接見之於余之書室。力子夫人正籌辦小學校，備言其計畫。聽之甚有意味。十一時卅分寢。

5月1日　星期四　雨　六十二度

八時起。盥洗畢後，閱參考消息五件，處理函札八件。徐公肅兄來訪，談司法界情形。與此君相別已將六年，覺其氣度依然猶昔也。吳鹿笙來訪，託余謀事。門人張道淵（九齡）同來，談鄞縣縣志印行之計畫。徐可亭主計長來，商緊急支付命令變更辦法。午餐後與省吾、君章等談話。省吾今天自杭歸，貽余新茶。一時後小睡，至二時起。文匯報主筆徐鑄成君來談。三時到中央黨部出席會報。騮先姍姍來遲，甚訝其責任觀念之薄弱。六時卅分散會，與唯果同歸。夜閱田壽昌所製武則天劇本。接巽兒來函，十一時卅分寢。

5月2日　星期五　微雨　六十二度

七時三刻起。接立夫兄電話，商中政會與國防會交接事，對檔案移交手續，認識互異，至為悵悵。史美誠君來訪，談中華時報事，為作介紹函致許孝炎副部長。史君去後，考試院陳伯稼秘書長來談，轉述季陶先生對憲法考試章之意見，談約一小時去。盧湞生君來談國防會移交事，並論中樞幕僚機構之利弊。十二時午餐，餐畢小睡，未成眠。與允默談時事，深以諸事脫節為慮。傍晚約許靜芝局長來談法制局等事。夜徐柏園次長來訪。馬星野君來談報館事。今日患胃不消化，心神殊不怡暢。十時五十分就寢。

5月3日 星期六 晴 六十八度

八時十五分起。昨晚睡極酣足，八時三刻朱教長騮先來談中政校事及其他。馬星樵部長來談職業選舉立法委員部份名額之增加與分配，竟謂孫院長可允盡力，但須於職業產生名額指定二十名留作現任立委之當選額。如事先有諒解，則可望成功。余聞此言，竊嘆現實主義之泛濫，可謂達於極點矣。以四明銀行事，約謙五內弟來談，告以處此經濟變動劇烈時，百事以準備、審慎為主。汪荻浪君來談，竟有出任大連市秘書長之意。龔學遂君保薦之隨便，殊為可驚。與許靜芝局長通電話。林佛性來談法制局在立法院不能通過之情形。此等立法委員，簡直太無常識，不僅氣度狹窄而已。樓桐孫秘書長亦來談，從相反方面說明此事，一幅猜疑、傾軋、叫囂、凌雜之圖畫活現於眼前。樓君凡談一小時而去，余腦筋為之大受影響。二時午餐，餐畢允默出外訪友，余服藥一小丸而睡，有極離奇吃力之惡夢。夢進一大宅，曲折深暗，既入而不能出。嗚呼！此其為余連日心境之寫照歟？四時卅分起，即偕允默出游郊外，循另一山徑達靈谷寺，步行二里許，在陣亡將士墓前徘徊久之，胸懷稍舒。又至四方城游覽，林故主席手構附屬屋已摧拆無存矣。七時卅分歸寓，八時一刻晚餐，公弢來談。八弟來談。十二時寢。

5月4日 星期日 晴 七十三度

八時一刻起。盥洗閱報畢，九時卅分到赤壁路朱宅訪騮先，會談政治大學事。果夫、厲生、立夫於十時後陸續來會，相互商酌，決定從改制（即取消教育長制度，遵照大學組織法辦理文、法、政經三院）入手。十二時會談畢，果夫約往洪武路視察介壽堂新址之建築。規模殊宏麗。一時歸寓午餐，餐畢小睡未熟。午後食高麗參。四時希聖來談中央政情最近發展之觀察。滇生來談行政院諸事，並轉述岳軍對財政案之意見。今日意緒微覺不樂。夜皓兒來家。閱週刊一種。十一時寢。

5月5日　星期一　晨大霧、晴　七十三度

八時起。九時到中央黨部出席紀念週及革命政府成立二十六週年紀念，稚暉先生致詞，說明現政局下黨的使命，語重心長，約卅分鐘禮成。與岳軍、可亭談經濟財政等案。出席第六十九次中央常會，十二時卅分散會歸寓。得約兒來函。午餐後小睡仍恍惚不能熟睡。天時燠悶，心境不舒。徐可亭君來談國務會議分組審查會事及軍事機密費之件。五時卅分到赤壁路朱宅，再商中政校事。果、立二君之態度極不爽快，余建議根本解決策，彼等囁嚅推託，閒談雜事，凡三小時，毫無結果。八時卅分歸寓晚餐，閱參訊五件。毓麟夫婦來談。十一時訪雪艇於百子亭，談一小時餘而歸。十二時寢。

5月6日　星期二　陰霧、微雨　七十二度

八時起。睡眠殊不寧貼，晨起以後心緒殊煩躁，而精神則感疲怠，蓋昨夜訪王外長談話至夜午始回，談話時間太久也。閱報畢，不能支作，就床再睡，仍不能入眠。強起讀書，並將交下審議之分組審查會件簽擬意見而呈覆之。余終覺凡事應慎之於始，與雪艇所見有出入也。午餐後小睡起，閱參考消息，覺腦力轉衰鈍。沈宗濂君來談邊務約一小時，所言極有見地。傍晚與默散步於寧海路，遇雨而歸。夜記幼年軼事，寄約侄。俞佐庭來長談，十一時卅分去。十二時寢。

5 月 7 日　星期三　陰　六十七度

八時十五分起。連日遲睡晏起，與旬日以前相比，精神大不相同，蓋氣候之關係甚大也。九時到國府參加第二次國務會議，除于、居、戴、曾琦諸人外，出席者二十人。王外長、白國防部長、俞財長報告佔一小時。張院長亦略有補充報告。休息五分鐘，再開會，通過宣誓條例及人事案一件、財政案九件。十二時散會，歸寓午餐。餐畢小睡起，閱報及參考消息。張任天君來談浙省訓練團情形。李孤帆兄來談台灣事及自身出處。王唯石來談設計局事。夜無事，讀雜誌一冊。以眼疾，十一時即寢。

5 月 8 日　星期四　晴　六十七度

七時三刻起。發致台灣葛敬恩秘書長（為電告莫柳忱先生去台訪張漢卿）電。致董顯光局長一函，請其對皮爾顧問多多尊重其意見。閱參考消息，處理函札八件。致應登榜表弟一函，責其不可見異思遷。十時卅分謙五內弟來談行務及金融界近情，至十二時去。午餐時萵苣莖甚鮮美。廚人只知肉食為貴，實不知味也。食將畢，八弟來，與之談宣傳及社務。三時唯果伉儷來訪，四時卅分偕允默往中華門，游雨花臺，購五色石一小筐，順道至吳園食餅而歸。夜讀小品文。十二時就寢。

5月9日　星期五　晴　六十七度

八時卅分起。九時出席農民銀行常董會，討論例案二十件，十二時完畢。與叔明、果夫略談歸寓。閱本日函札及參訊四件。本欲日內赴杭州一游，以近日交通時阻而中止。聞英士大學學生為校址問題而滋擾，殊嘆造因之不可不慎也。午餐後小睡一小時餘起。接細兒來函，知已有娠。又接皋兒來函，商出國事。三時高凌百兄來訪。四時董顯光局長來訪，談該局業務計畫，余殊不能置可否。李叔明兄來長談，頗多慨喟之語，知其感觸甚深也。申報記者劉問渠來訪。夜九時卅分騮先、果、立、厲生來談中政校事。十一時一刻散。十二時寢。

5月10日　星期六　晴　七十四度　理髮

九時始起。閱報載，各地搶米風潮四起，而學潮亦此起彼伏，愈出愈奇。此必有奸亂之徒，從中策動，殊可慨憤。與騮先通電話，知英士大學學生仍在杭演阻礙交通之惡劇也。閱參考消息三件，處理函札六件。致雷震函，商參政會開會詞。致何孟祁電，為吟兄運柩事。向午呼匠理髮。午餐後閱滬報，小睡一小時。天熱多夢。接泉兒來函。四時卅分與騮先同至官邸謁主席，商中政校事，不得要領。騮先先退，余再留半小時，報告各事，以徐可亭簽呈請批（奉批照辦），又奉面擬談話稿。六時十分歸，端木鑄秋來談。七時與默出外散步。八時晚餐畢，力子夫婦來訪。董善登、堇生姪來談。讀四朝學案。十二時就寢。

5月11日　星期日　晴　七十九度

八時十五分起。閱報載，魯省軍事有進展，惟山西益吃緊，想見前線調動之艱苦，國軍正在運用大戰略，以挽回全局。而中共在後方搗亂，則更露骨矣。上午無事，作家人函札（四弟、細兒）及親友各函（辟塵、貞柯、鶴皋）。午餐後三時更熱，室內溫度達八十度以上。小睡仍多夢，連日神經又見脆弱，開始服PHYTIN，不知能有效否。汪達人兄之公子行之來訪，未及接見。讀雜誌數冊。校閱二十七年事略初稿。王、袁二君之粗心，可為嘅嘆。八時十分晚餐，夜以目疾未作事。十一時寢。

5月12日　星期一　晴　八十二度

八時卅分起。氣候轉熱，有如初夏。今日為舊曆三月廿二日，以今年閏二月，故已如初夏。中央黨部紀念週，由俞部長鴻鈞報告財政。十時接開中央政治委員會第二次會議，張院長報告經濟案，陳總長報告士兵待遇實況，朱教長報告教育界近況。討論議案二件，十二時散會。在會場席上，以主席批件（軍事機密費千二百億元之案）面交徐主計長，並與陳總長說明。十二時卅分歸。午餐畢，小睡一小時起。閱本日文件函札及參訊。四時唯果來談，良久而去。讀禮經及回風文集。撰擬文字未果。夜聯席會報未出席。張道藩兄來談文化工作情形，攜來君雋畫像。十一時寢。

5月13日　星期二　晴　八十八度

八時卅分起。閱報畢，陳公洽先生來訪，談台灣事件經過及今後治台應採取之措施。此君堅定可佩，然其選擇佐助人才，則不免近於偏也。十時陳宗熙秘書來談外交部近事，約半小時去。辟塵自滬攜元發曾姪孫來訪，託余進行四明銀行事，余婉言卻之，囑其不可見異思遷。午餐後又留談約一小時去。小睡至三時起。閱參考消息及函件。四時傅孟真君來談教育問題。六時到達詮家，審議關於國府會議分組審查會事，雪艇、可亭均到，決設三個審委會，七時卅分歸。今夜主席宴尼泊爾代表，余以未備禮服，臨時請假。夜讀書。至十一時寢。

5月14日　星期三　陰、微雨　七十六度

七時五十分起。盥洗畢，閱報及參考消息。今日中央常會第七十次會議，討論甄選委員會事。余對之無甚興趣，故請假未出席。在寓為主席起草關於維持法紀之談話

稿。以近來學潮、工潮離奇百出，學生行動已類暴民也。十一時起草畢，與岳軍商談，即送呈官邸主席親核。姚君桂卿來訪，未接晤。十二時卅分午餐，餐畢小睡，至二時卅分起。閱函件四件，發重慶張市長電。四時到官邸，陪陳啟天同晉見，又與岳軍入見，承命修改談話稿。並面示欲余擔任立法院副職，六時卅分歸寓。致馮伯準一函，夜作函呈辭新職不就。十一時卅分寢。

5 月 15 日　星期四　晴陰　八十度

八時十分起。昨夜睡眠極不佳，睡中多夢屢醒，晨起甚感疲倦。閱報及參考消息後，擬乘此餘閒了一些私人的文債。起草吟兄墓表，僅寫首段，即感氣機不暢，遂復中止。接達詮電話，商分組審查會事。騮先兩次來電話，報告中大學生為膳食費請願情形。反動派煽動日烈，學潮漸不可收拾矣。童行素君來訪允默。立夫來談。一時午餐，餐畢小睡，為童行素談話聲所擾，未成眠，起而服藥再睡，略一合眼即起。六弟來談滬事及九妹婚事。四時與立夫同往官邸謁見，命將談話稿重擬。余觀主席似有躁忿不耐之狀。歸寓後力子夫婦來談。夜重撰文字，大不愜意。十二時寢。

5 月 16 日　星期五　晴　八十五度

八時廿分起。昨夜睡眠仍不佳，先後睡六小時左右。其餘均在矇矓惝恍中也。將談話稿校閱後，即囑陶副官攜呈。閱報知學潮日趨離奇惡劣，更聞今日金大學生亦游行請願，標語口號更見離奇。共黨陰謀之面目亦完全暴露。對此學風，真欲搖首嘆息矣。接七弟長函一緘，附來證件及照片。又接澤永函。閱參考消息，並處理函札。十二時一刻午餐，餐畢小睡約一小時。應主席邀約往官邸談話，對談話稿仍命重擬，且有修改補充。歸寓整理，異常費力。六時繕正再呈閱，乃覺胸腹脹悶，頭腦暈重。夜皓兒來家。九時與騮先通電話。十時洗澡，十一時就寢。

5月17日　星期六　昨夜大雷雨、晴　七十九度

昨中夜大風繼以雷雨，睡中驚醒，以服藥較多，又復沉睡，至八時五十分始起。盥洗進餐後，十時到中央黨部出席聯席會議，今日到者特多，討論近日學潮發生之經過。朱部長等均有報告，各人發言踴躍，直至一時始散會。回寓午餐。八弟來談，與之商七弟辦銓敘之手續，託其代為詢問。約中央日報記者朱沛人來談，告以言論方針。二時小睡至三時起。聞東方語文專修學校今日向教部請願，態度益蠻橫無理。皮宗敢來談，將赴美任武官。接霸兒、綽兒各一函。芷町來談經濟措施。夜起草參政會開會詞，腦疲，僅寫一段，不能完稿。十二時寢。

5月18日　星期日　晴　八十二度

六時起，接續起草參政會開會詞，第三段措詞甚難，三易其稿，至九時五十分大體完畢，尚差結論。十時到國府出席國務會議臨時會，出席者十五人，恰過半數。討論參政會開會時政治報告內容，並討論弭止學潮辦法，通過維持社會秩序臨時辦法一件，又通過改以陳啟天為經濟部長，常乃德補府委，楊永浚、鄭振文補政委。一時卅分散會，與岳軍、雲五等共同斟酌發表件後，回寓午餐。餐畢小睡，至三時五十分起。完成文稿。四時卅分到官邸謁主席，奉諭整飭學風談話仍應發表。攜歸繕正後即送發。接憐兒十四日來函。為吟兄運柩事函周厚齋、鄔顯章，託為照料。七時送呈開會詞稿。夜希聖來談。十一時寢。

5 月 19 日　星期一　晴　八十四度

八時起。允默今晨回滬。九時出席中央黨部紀念週，孫哲生主席，地政部長李敬齋報告工作計畫。十時舉行中央常會臨時會議，鐵城先生主席，討論安定社會秩序及處理學潮問題，又討論此次參政會中發動和談本黨黨員應取之態度。發言者十餘人，情緒熱烈，意見大致接近（在會議中與雪艇商酌主席對參政會致詞之內容）。十二時卅分散會歸，午餐畢，閱參考消息及各方函件。小睡一小時。天氣驟熱，陽光甚強，視力又苦模糊，不能作事。用擴大鏡閱書，亦甚吃力。曾小魯君來談，約卅分鐘去。夜完全休息。溯中、力子伉儷來訪。十一時寢。

5月20日　星期二　晴、午大雷雨　七十六度

八時起。九時到官邸謁主席，以力子、鐵城二君之意報告，以為開會詞不妨由文官長代讀。主席謂如此重要典禮，何可不親自出席，蓋其重視禮節，固一貫如此也。出與濟時、祖德兩兄略談後，即至國民大會堂參加第四屆參政會三次大會開會式，晤舊友二十餘人，均略作寒暄。與彭革陳君晤談甚久。並約健中到余寓來談。十時十分開會，伯苓先生主席，致開會詞，繼國府主席致詞，末由于斌主教代表同人答詞，禮成約十一時一刻。歸途已見有游行之學生隊伍，秩序尚整齊，其旗幟為挽救教育危機請願團，然警察正在勸阻中。回寓後午餐，餐畢小睡，至二時許。大雷驟雨不止，詢學生游行消息，知堅決不肯散會，在國府路與警憲相持，冒雨對立。繼又聞學生中有強奪水龍管頭，強自衝破警戒線，並以鐵筒油墨向警察擲去，乃有相互毆鬥情事。學生傷重者三人，輕傷十人，警察亦有負傷者十餘人。直至七時許，派代表至參政會，見邵秘書長後始散歸云云。觀今日之學生行動，其用意顯在反抗制止請願游行之臨時辦法，從此以往，未可知也。午後唯果來談甚久。述庭兄來談立法院情形。傍晚立夫來詳談學潮背景與教部處理情形，七時卅分始去。八時卅分晚餐。餐畢，張曉峯、繆讚虞二君來談兩小時。十二時十五分寢。

5月21日　星期三　陰晴　七十三度

八時五十分起。今日中政會開會，請假未出席，意料無重要議案也。吟苡兄靈櫬歸自重慶，今日過京，十時特往江邊第十碼頭民憲輪察視，以貨艙未開，又值微雨，乃在岸上致禮而歸。念逝傷懷，殊為愴然。十時卅分謙五弟及伯準世兄來談四明銀行事及其他雜事。午餐後始去。接閱鶴兄及彬史各一函，以力學小學捐冊分託謙五、伯準勸募。下午小睡一小時許，未熟睡，心思甚不怡定。校改中訓團講詞兩篇，紀錄不佳，修改甚屬費力。夜姚桂卿來談銀樓請願事，態度倨慢，言詞激烈，觀微知著，可以測人心矣。唯果攜伯謹函來談。十時後又改講稿一篇。十一時三刻就寢。

5 月 22 日　星期四　陰雨　六十九度

八時卅分起。閱報載，行政院張院長對參政會之報告詞，明朗切至，首尾貫串，不知誰氏所擬，為之心折。十時奉主席命，往廣藝街世界文化學社訪李石曾先生。李先生為余言其對學潮、對教育之見解，囑轉達於主席。又面交稚暉先生來函，為江南鐵路請撥還去年奉令拆遷之鋼軌事，談至十一時卅分始歸。閱參考消息及函件，十二時卅分午餐。聞祖望明日將來京。餐畢小睡一小時，天驟寒，精神殊不怡。寫家書亦中輟。傍晚葛秘書長湛侯來談台灣事。晚餐後閱舊書。九時謝冰心女士來訪，談日本近情。十一時卅分寢。

5月23日　星期五　雨　六十四度

八時起。昨晚睡眠酣足，殆為半月來所未有。盥洗閱報畢，覆憐兒一函。今日中農常董會，未能出席。十時到國府出席第三次國務會議，討論郵電加價案。各委員多認為此時應繼續貼補政策，決議緩議。又通過例案十件及審查會通則。十二時到明瓦廊應鄭介民廳長之午宴，到乃建、慶祥、人鳳及生產處郭君，商談運用器材設備進行生產事。餐畢參觀其辦事處。三時卅分歸寓，小睡一小時起。閱陳之邁君寄來之美國雜誌及參考消息等。接允默來函，即覆之。夜讀舊書，與祖望談話。十時五十分寢。

5月24日　星期六　雨　六十四度

九時起。早餐畢，魏伯楨先生介紹虞舜會計師來訪，轉請主席為其母題象贊，其孝思可嘉，而事屬為難，轉送與芷町核辦。又轉去稚公來函一件，凌百籁呈一件。致蔣夫人一函。閱本日參考消息及函件，十二時午餐。餐畢與君章談評論作法。二時後小睡，至三時起。再寄允默一函，寄細兒一函，又覆陳之邁君一函。讀先師回風堂集，擬為人撰序，未果也。致可亭一函，為舊同學范君介紹。八時卅分到官邸晚餐，到慧僧、幼椿、明叔、雲五、野聲、貽芳、力子、伯苓諸人。九時卅分餐畢，明叔先生慷慨陳辭，突患腦暈，由幼椿護送至中央醫院。余送吳校長歸校。十一時回即寢。

5 月 25 日　星期日　上午陰、下午霽　六十九度

晨起又已九時，近來晏起成習矣。以電話與力子通話後，即至中央醫院視邵明叔先生疾，知患右腦溢血症，仍在昏睡狀態中，未離險境。與幼椿及力子夫婦向明叔之女致安慰而出。十一時回寓，汪榮章來訪，君章代見之。閱參考消息，並處理函札八件。午餐後小睡起，發寄樂兒一函。又致啟煦函。三時卅分劉百閔來談。四時至官邸會談參政會事，六時一刻歸。希聖來談甚久。夜閱滬上各報。曉峯來談兩小時，至十二時卅分寢。

5 月 26 日　星期一　陰　七十度

八時十五分起。九時到中央黨部出席紀念週。鄒委員海濱主席，翁文灝同志報告資源委員會工作概況及煤、鐵、石油等生產概數。十時十分禮成，十時卅分歸寓。閱參考消息及函札多件，接約侄一函，甚有感觸，即作一長函覆之。午餐後小睡殊不寧貼。近日身體又感衰弱不支，特別不能用腦。三時起，接九妹函，對婚事仍游移不決。四時卅分與鐵城等到官邸謁主席會談，約兩小時餘歸來。乃大感筋骨酸痛。晚餐後頭痛不止，服散利通亦無效。讀舊書一卷。十時即寢。

5 月 27 日　星期二　晴　七十二度

八時起。今日身體不佳，兩手及額部有微熱，且頭痛不止。晨起閱報及參考消息，並作函數緘。至十時即感不支。且心緒繁亂，對學潮問題，仔細考慮，殊無適當之解決辦法，使共黨利用青年破壞秩序之陰謀，無法得逞，苦思甚久，不得其道。小睡至十二時許起。官邸約陪宴參政員，因病未赴。召唯果來談，與之研究學潮問題。午餐後續談一小時。二時卅分小睡未熟，三時卅分起。四時到中央黨部，與鐵、立、岳、彭、袁、余、谷、鄭、朱諸君交換對學潮問題之意見。六時五十分散會，出席勵志社宴請黨員參政員之晚餐。總裁有親切致詞。九時與諸君同至官邸會談，十一時三刻歸。一時寢。

5 月 28 日　星期三　晴　七十四度

八時起。昨晚睡眠較酣，一由建議得蒙部分採納，於心稍安；一因昨晚服藥適量之故也。今日上午中常會停開，余在寓閱報及參考件。接友人來函，請託商貨事，至感不快，即作一函覆之。怪其不明事理，不得不嚴詞以告也。唯果來談甚久。公事而外，兼及私事，約一小時去。實之來，僅略談而已。午餐時到官邸陪客，到者教育界、參政員約二十人，交換關於學潮之意見。個人均有陳述，主席作結論。大致謂：不可姑息，而各校當局尤應負責任。三時散席後，到中國文化服務社舉行常董會。聽取報告，討論案件四件，六時始畢。七時卅分到勵志社，應主席約請全體參政員之宴會，九時卅分歸寓。整理講演稿。十一時卅分寢。

5 月 29 日　星期四　晴、悶熱　八十度

八時卅分起。昨晚入睡太遲，連日腦筋疲緊異常，精神亦不如上月之怡暢，惟恢復打針以後，目力似稍清晰耳。午前閱報及作書函外未作他事。王化成將赴葡萄牙公使任，來余處辭行，談一小時去。身閒而心不閒，此境至為痛苦。私人應為之酬應文字積擱許久，而無力著手也。午餐後小睡較久，今日陳留高醫師來作第三次注射。四時孟海來談國府文官處及教育部情形，並論學潮之動向與歸趨。七時卅分晚餐，佛性約晤，以事辭之。星野來，亦未接見，祖望代見之。謙五弟偕學綆侄來訪，談甚久。十一時寢。

5 月 30 日　星期五　晴　八十度

八時卅分起。讀羅素著西方哲學史序言及第一章十五頁。此書為滄波兄所推薦，筆墨極通俗流利，茲擬以暇時讀之。閱今日各報所載學潮消息，教育界人士仍未能表示嚴正教誨之態度，而以介於政府與學生間之中立者自居，至為可慨。午餐後接允默來函，又接皋兒來函。閱參考消息，並處理文件。午後又悶熱，室內達八十二度以上。六時參加中央日報股東會創立會及董事會，余被推為常務董事，即在報館晚餐。十時歸寓，謙五弟陪俞佐庭兄來談四明銀行事。十一時五十分寢。

5月31日　星期六　陰　七十六度

昨晚睡眠不酣，七時即醒，八時十分起。天氣因昨晚下雨而轉涼，故精神較佳，腦筋亦因而寧靜矣。滬警備部昨晨已開始逮捕潛伏各校之共黨分子，吳市長及宣司令發表談話極得體。然立法院中言論混亂，表現政府內部之步驟參差。而主席適巡視瀋陽，哲生先生將有滬上之行，深以中樞無主之情形而慮耳。讀中央日報今日社評，論共黨操縱青年之陰謀，持論綿密，分析有序，洵為罕見之警闢佳作。電話致李唯果兄，建議此文可普登北方及西南各報。初以為此文出希聖手筆，繼詢君章，則謂係佛觀所撰，惟楚多材，洵不誣也。今日正午起大雨不止，氣候轉涼，甚感爽適。午餐後小睡起，閱參考消息並核定函稿數件，發私人函件四件。閱滬上各報所載消息，知警備部與復旦學生衝突，互有受傷者。而李熙謀君竟受圍毆之辱，可為憤慨。四時五十分道藩來訪，談教育委會開會事，又談滬上金融界情形。七時到常府街參加東南日報董事會，到健中、溯中、紹棣、鍊心、道藩諸人。健中報告營業甚詳，決議成立東南新聞事業公司，定資本為五十億元。十一時散會歸。十二時寢。

6月1日　星期日　陰晴　七十九度

八時卅分起。上午天氣尚涼快，向午又復悶熱。南京近來氣候酷似重慶，殊可異也。閱京滬各報，知滬上學潮仍在僵持中，而南京中大決定中止「六二」游行。然立委孫九錄赴滬疏導，殊屬多此一舉。十一時謙五弟來談季剛函託事，又談四明銀行情形。八弟亦來談，均午餐後別去。閱書兩小時，小睡至三時卅分起。許紹棣兄偕交大校長吳保豐、復旦校長章友三兩君來談兩校教授罷教之經過。今日辦學良復不易。夜稍覺頭痛，讀伯兄遺著。十一時寢。

6月2日　星期一　晴　八十四度

八時卅分起。今日疲散，故未出席紀念週。後知為謝冠生君報告司法行政，則又甚欲一聞其報告詞也。吳稚暉先生之侄永嘉來訪，為絲繭貸款事，攜來稚公一函，囑祖望代見之，即將其攜來譚熙鴻函呈轉送政務局轉呈焉。閱各報所載各地逮捕共黨搗亂分子之新聞，所報導者多有出入。惟武漢大學於憲警搜查時，竟發生衝突，學生有死傷者，實為極不幸之事。下午聞教部已派杭次長赴武昌調查，惟願其不致擴大耳。今日鎮日在寓休息，傍晚皓兒來。夜沐浴後稍涼爽。張曉峯君來談。十一時卅分寢。

6月3日　星期二　陰　七十八度

八時十分起。張忻康君來訪，攜來允默一函，附寄塘棲枇杷一簍。余近日食慾不振，對此佳菓，竟不思食，至可惜也。閱各報所載學潮消息及各種評論，深感今日輿論之害人不淺。十時後撰國聲集後序，為武進唐玉虬作此文。自唐君函託，已二十餘日，今始草草成之。午餐後唯果來談一小時去。小睡至三時起。徐佛觀君來談。四時到官邸謁主席，談各院副院長人選，命余分別徵詢意見。先訪居院長，知在滬未回。往訪于先生，談卅分鐘歸寓。謙五弟來訪。旋胡政之君來談報館事，虛與委蛇而已，不欲與之深談也。傍晚閱參考消息等件。夜上主席一書。十時周謙沖君來訪，談一小時許去。十一時卅分寢。

6月4日　星期三　上午陰、下午晴　七十八度

七時五十分起。八時一刻往訪居院長，奉主席命，徵詢司法院副院長人選之意見。居先生欣然贊同，即至官邸面謁報告。九時一刻參加中政會第四次會議，通過以李文範任司法院副院長，黃紹竑任監察副院長。各委員對當前剿匪軍事、給養補充及地方政治備極關心，紛紛發言，最後決定交分組委員會審查。十二時卅分始散會。一時午餐後，小睡約一小時餘起。謙五來談。閱參考消息及密件多件。接允默函，知四弟已到滬矣。六時到中央日報開常董會。晚餐後參觀各部。十時回寓。十一時卅分寢。

6月5日　星期四　晴　八十一度

八時卅分起。為主席核改夏季校閱訓詞一篇。范秉琳君由滬來京過訪，沙孟海君及教部舊同事郭蓮峯亦來談。十時卅分洪君勉同志來談，擬進行立法委員競選，並談本黨之前途，約三刻鐘去。閱私人函件及參考消息等件。致立夫一函（為君勉事）。覆桂圃一函。十時卅分午餐，與秉琳略談。午後小睡起，為永縉表弟作介紹函。四時出席中央黨部會報，晤唯果兄等。開會至七時卅分歸。晚餐後徐柏園君來談。與秉琳話舊事。十二時寢。

6 月 6 日　星期五　晴　八十三度

八時十分起。沈紹洙（芑舫先生子）君來訪，攜來洪渭漁君一函。九時十分亮疇先生來談。十時同往國民政府出席國務會議，對參政會和平建議，決定從長研究。又決議工業會法立法原則等案。十二時十分散會，歸寓午餐。對於會議中精神之散漫，有極沉痛之感覺，以致午睡時不能入睡，起而看書，亦不能勉抑悲憤。三時卅分到農行出席常董會，開會三小時餘始畢。與任滄、叔明談話，七時十分歸。晚餐後，騮先來談一小時。接允默來函，知其十分繫念，即作一函覆慰之。十時策縱攜來五日講詞一篇，即為校改。一時寢。

6 月 7 日　星期六　晴　八十四度

八時卅分起。昨晚入睡已在二時卅分以後，今晨七時前即醒，僅睡足五小時，故今日鎮日患頭痛、骨痛，精神甚不舒暢。主席命代擬紀念文字，竟不能著筆也。上午十時卅分吳任滄君來，詳談一小時，備述中央信託局辦事之艱難始起，公權雖屬精明，竟亦不免為其側近親信佞人所包圍，而又牽及黨派之私，此誠可慨嘆者。與秉琳談滬上事及兒女婚姻事（秉琳留京兩宿，下午去滬）。下午閱樵舲先生書牘，未作他事。夜十時即寢。

6月8日　星期日　晴　八十四度

八時起。昨晚睡眠時間較久，而睡不深。故今日精神仍疲頹不振。九時卅分到勵志社參加柏烈武、覃理鳴、劉海泉三先生之追祭典禮，中委到者約三十餘人，總裁親臨主祭，十時禮畢。與禮卿先生等略談後即歸。閱報及參考消息多件，向午忽覺頭痛心躁，煩鬱不可自抑，即服散利痛就枕休息，至四時始起。讀舊書自遣，至傍晚始稍覺安舒。寄辟塵一函。又寄佐庭一函，託貞柯轉致。六時後為主席核改軍事講稿。八時卅分允默自滬來京。九時卅分晚餐。夜十一時寢。

6月9日　星期一　雨、下午大風　七十四度

昨晚睡極酣，今晨五時許為風雨驚醒，旋又沉睡，至八時卅五分起，急就盥洗，略進小食後，赴中央黨部參加紀念週。總裁親臨主席，由唐乃建同志報告警察總署業務畢，總裁即起而致詞。說明處理學潮之態度，對教授罷教表示甚大之遺憾。十時禮成，約余往談，囑整理講稿詞，準備發表。回寓後研究此事甚久。十二時到官邸紀錄室親自修正呈核。一時總裁約見，囑擬致各省主席電稿，即在官邸午餐。餐畢，與經國略談而歸。小睡至三時卅分起。唯果來談久之。五時曹聖芬攜核定之講詞稿來，再為審閱，即交其攜去呈閱後發表。夜讀各報及總理遺著。十一時寢。

6 月 10 日　星期二　陰　六十六度

八時十分起。今日天氣涼爽，頭腦頓覺清新，心境亦較怡定。閱報紙登載總裁昨日講詞，覺措詞大體穩妥。又閱參考消息多種，並處理函札五件。十時卅分延陳醫來打針。遣使賚函問候王中惠親翁，並餽贈儀物。十一時許孝炎、李唯果兩君來談，商中宣部之人事，為作函呈一緘。一時午餐後，休息至二時卅分起。撰擬致各省主席指示徵兵方法之代電。五時卅分到官邸，知外蒙軍隊侵入新疆之白塔山，蘇機四架向我駐軍轟炸掃射。商定由外交部向蒙、蘇抗議。六時卅分約彭、許、李商定宣傳指示要項，夜憑遠、希聖先後來談。十二時寢。

6 月 11 日　星期三　陰　七十五度

八時起。昨晚入睡太遲，睡眠不足，晨起至為勉強，且頭暈不能久坐。進早餐後，就榻偃臥，久之始瘉。起草中央軍校成立紀念（六月十六日）訓詞，至十時五十分脫稿。因須發表，措詞極難，故遲遲成篇，自視實不滿意也。十一時參加中央常會，李宗黃主席，討論議案七件。中宣部人事仍未定。一時歸寓午餐，八弟來談。二時就睡，至四時三刻起。睡足以後，精神殊暢。謙五弟來談。旋公展兄來談一小時去。姚桂卿來，祖望代見之。閱參考消息四種。蘇蒙軍侵入新疆，與東北方面最近之軍事適相配合，似具有威脅作用。夜方清儒及石君來談。十二時寢。

6月12日　星期四　晴　八十度

八時卅分起。將中央軍校紀念訓詞及代電稿各一份送呈核閱。改定軍事講評一篇，又核辦紅十字會請名譽會長頒詞之件及梁寒操君送來靳君發起耆老會函，均送政務局辦理。十一時卅分六弟來談立法院今日開會情形，午餐後與續談選舉事。葉溯中兄來訪，談一小時許而去。小睡至四時卅分始起。今日注射傷寒預防針。芷町來談約一小時。五時卅分到中央黨部，參加聯席會報。七時歸，唯果來談宣傳事。八時徐柏園次長來談四明銀行事。夜閱報及參考件。十一時就寢。

6月13日　星期五　晴陰　七十四度

八時卅分始起。昨晚服藥不多，而睡眠亦尚酣適。今晨醒後，仍遲遲不欲遽起也。九時十分應吳秘書長之約到中央黨部會談，當哲生、厲生、鼎昌、立夫、力子及余（岳軍、雪艇未到），討論關於黨務政務之對外聯絡事項。十一時會畢，與立夫略談中政會事而歸。閱本日之參考消息。午餐後與默談家事。二時後仍小睡片刻。四明銀行股東會決定不去，託叔明代表。羅佩秋君來談「道德重整」事，霞天來談浙事。彥棻來談一小時。夜三兒來家，十時去。十一時寢。

6 月 14 日　星期六　雨　六十八度

八時卅分起。竟日大雨如注，氣候陰鬱潮濕，余之精神似亦在極重之低氣壓下，倦怠異常。念國是兀臬如此，外患深重如彼，而我中樞散漫脫節，各不相謀，略無振奮團結之氣象，殷憂無藝。閱參考消息多種，致三侄一函。午餐後又小睡一小時餘，多複雜之夢。王世墉君來談，明日起程赴倫敦領館任副領事職務。此君英俊多才，前途當未可量。八時到官邸會餐，到于、居、孫、白、誠、力、鐵、杰諸人，主席對時局有分析指示。十時歸，閱「中共宣傳文教資料彙編」。十一時卅分寢。

6 月 15 日　星期日　晴　七十度

八時卅分起。昨夜睡眠亦尚佳，今日雨後轉晴，骨痛亦漸止。閱報及參考消息後，仍以時局緊張，耿耿於心。十時卅分唯果來訪，談彼個人之服務志願及黨的問題。十一時一刻岳軍先生伉儷來訪（攜其子媳同來）。岳軍患牙疾，就任政院以後，備極辛勞，與余談政事約一小時許而去。午餐後小睡至二時卅分起。四弟自滬來，談別後情形，觀其氣色尚佳，然太消瘦耳。四時希聖來談，與之研究行政改革案。夜閱四弟攜來余在浙高校時之文課等。與四弟閒談至十一時卅分寢。

6月16日　星期一　晴　七十四度

八時起。昨夜睡眠稍差，但亦熟睡五小時以上。連日減少安眠藥服量，結果可云滿意也。九時參加中央黨部紀念週，並舉行總理廣州蒙難紀念。總裁親臨主持，力子先生作報告，引軍人精神教育，以勗同志，措詞頗得體。十時出席小組審查會，到哲生、溥泉、蘭友、正綱諸人，審查政治結社法案。僉以結社法不必制頒，而此次選舉之政黨提名，當以參加政府之三黨為限。十一時卅分散會歸寓。十二時卅分午餐，餐畢小睡一小時餘，雜聲太煩，未能入睡。起床後閱參考消息多種，又閱雜誌兩冊。與四弟談家事，對皋兒等在平津甚為繫念。夜實之弟夫婦來共餐。晚飯後作函札五緘。十一時寢。

6月17日　星期二　晴　七十八度

八時卅分起。昨晚睡不佳，今日情緒怫鬱，心思煩亂。此二旬以來作事一無精神，思慮不能集中，頹散痛苦，幾又回復去秋以前之狀況矣。十時力子來談教育界情形，兼及政局，相對慨然，無可言說。十一時客去，乃閱本日報紙及參考件。午餐時覺食量較昨日增佳。餐畢小睡，多離奇複雜之夢，三時卅分始起。讀學原雜誌論文數篇，視力迷茫，看小字甚覺費力。夜致細兒、君默各一函，與允默閒談家事。至十一時卅分寢。

6 月 18 日　星期三　晴　八十二度

八時起。盥洗進餐畢，即往訪哲生院長，詢以副院長人選問題。九時出席中央政治委會第五次會議，議決以鐵城先生為立法院副院長。會議時，各委員對當前軍事與外交發言異常熱烈，僉認為應作非常時期之打算，振起全國人心，決定請總裁考慮。會議至一時卅分始畢。赴中央日報開第二次常董會，決定招收研究員等案。三時十五分會畢回寓。午睡至五時許始起。覆憐兒一函，討論其婚姻問題。毓麟兄來，未及與談也。閱本日函件及參考消息畢，七時十五分赴傅佐路楊綿仲兄宅晚餐，到井塘、元彬、芷町、佩秋諸人，九時卅分歸。約柏園來談。閱報至十一時五十分始寢。

6 月 19 日　星期四　晴　八十二度

八時卅分起。伯準、秋陽自滬來訪，余尚未早餐，殊訝其來之突兀。伯準攜來潤卿、佐庭、鶴皋諸兄來函。十時到中央黨部出席黨政小組，會商黨政提名事及立法院修正名額事。十一時卅分歸寓，閱參考消息及諸友來函。唯果來談久之。一時午餐，餐畢略睡，至三時乃起。今日上午呈主席一函，四時卅分出席聯合會報，由張道藩兄主席，交互報告，至七時散會歸。夜徐柏園次長來談四明事。覆滬上諸友函。洗澡後十二時寢。

6月20日　星期五　晴　八十六度

八時卅分起。閱本日各報，知東北戰事更緊。九時卅分亮疇先生來訪，十時同至國府參加國務會議第五次會。出席者二十一人，主席對軍事情況有簡要報告，旋討論經濟政策案，十二時卅五分散會歸寓。與四弟略談，一時十五分午餐，餐畢改定吟兄墓表，即寄上海。小睡約一小時許。出席農行常董會。五時卅分到官邸，六時入見主席，承詳示政府對時局之方針，囑預為準備文件。七時歸，煩鬱悶熱，氣候極惡。聞四弟決定今晚赴滬，亦未及與之詳談也。八時到官邸晚餐，到國府委員徐傅霖、莫德惠及左舜生、陳啟天等十八人。散席後就當前時局交換意見，溥泉、柳忱均有感情激昂之陳述。主席詳述戡亂定變應有決心。十一時一刻歸，十二時卅分寢。

6月21日　星期六　陰、微雨　六十八度

八時三刻起。天時潮濕陰鬱，余骨痛頭痛之患又作，胃呆不思飲食，早餐僅食餅乾四塊而已。追憶昨日下午主席面示之言，先為整理而紀錄之，歷兩小時餘始畢。十二時午餐，餐後小憩，忽患心躍頭眩，不能入睡。甚矣，神經之脆弱也。毓麟兄來訪，未晤見。中政校教授王慕曾、萬國鼎、褚一飛等六人來談，對學校負責人選希望能早有決定。六時希聖來訪，商文字，一小時許去。七時卅分到武夷路孫宅會餐，商談時局。到岳、立、力、白、誠、厲、杰、鼎、震諸人，商談至十一時一刻始散。十二

時寢。

6 月 22 日　星期日　雨　六十八度

七時五十分起。今日精神困憊異常，緣昨晚在孫宅談話太遲，腦筋深受刺激，夜不成眠，且多奇夢，雖有四小時以上之睡眠，實均在朦朧狀態也。閱希聖、佛觀兩兄送來之材料，思欲動筆撰文，而一無氣力。九時卅分再睡，服AM 一丸，殊無效果。十二時卅分起，勉強食稀飯一碗。午後神經興奮，而絲毫不能用思。設想愈久，愈覺惆悵，睡而復起，起又復睡者五次以上。五時閱孫哲生談話，所言似係實情，未免太覺突兀，一再發表尤可異也。皓兒來家，亦未及與談。及強起晚餐，則已八時五十分矣。無力作文，終於徬徨一天，一無成就。十二時寢。

6 月 23 日　星期一　上午雨、下午晴霽　七十六度

六時十五分即起，用冷水洗面後，即著手草擬主席告國民書，至八時五十分約寫就一千五百字。以今日紀念週或有報告，故不得不輟筆往聽。到中央黨部後，以為時尚早，與立夫談話片刻，旋以縈心文字，不待行禮而先歸。滇生來訪，尚瑣瑣與余談秘書廳結束事，聽之殊不耐。十時客去後，繼續撰寫，而愈寫愈拙愈亂，幾不能自相連貫。但腦力實已衰竭，不能再加細酌，遂草草終篇，不及複閱，即囑先行繕呈。委座閱之，必深詫異慨息也。午飯時竟不思食，一時後服 S. AM 三小丸，勉強入睡。

五時起，六時與允默出游雞鳴寺，茗坐眺望，稍豁胸襟。又游覽北極閣久之。八時歸晚餐。夜十一時寢。

6月24日　星期二　晴　八十三度

昨夜屢醒，睡眠極不妥，綜計全夜醒十餘次，睡又多夢，夢境中輒反應腦筋脆弱而工作繁重切迫之情形，心疾嚴重又如去年春夏之時。值茲時局日見緊張，將何以自靖自獻歟？八時卅分起床後，僅能在家養息。向午主席來電話，詢余今日身體復原否？能照常工作否？只得以實相告。午餐後小睡亦未熟。服藥一小丸，始得小睡一小時。起後閱參考消息等件。六時五十分偕允默乘車郊遊，先赴靈谷寺，繼回中山陵前散步，九時歸寓晚餐。夜未作事。十一時寢。

6月25日　星期三　晴　八十九度

八時起。今日以精神未復，故未出席中央常會。後聞會中討論時局，未議例案。各委員之關心時局，情感激動可見一斑矣。十時以電話向官邸報告銷假。十一時益元弟來談。午餐後小睡約一小時。自辰刻至未刻，腹瀉四、五次。致岳軍一函。覆滬友兩函。四時卅分到官邸見主席，宇高等同去，主席以文稿交下，囑再為斟酌，並索閱事略。傍晚以孫貽所編十六年事略稿五本派陶副官送呈（交官邸隨從送呈）。夜八弟來談。十時卅分傅孟真君來話別。十二時寢。

6 月 26 日　星期四　雨　八十二度　理髮

八時十五分起。今日腹瀉較昨日次數更多，精神仍極困憊。晨起後以氣候鬱勃，甚感悶熱，煩躁不安。十時呼匠理髮，稍覺涼爽。延陳醫注射肝精。至於胃腸之疾，擬節食以期其自癒也。閱報及參考消息後，並處理函札十餘件。十一時卅分小睡至一時起。唯果來談時事，述昨日常會情形。食麵包兩片後，再睡一小時。腹痛不止。委座電話來約，未能赴召也。覆辟塵一函，又覆綽兒一函。以力學小學捐款送邵夫人。八時卅分晚餐，食麵包稀粥。夜精神仍不振。十時寢。

6 月 27 日　星期五　雨　七十八度

八時起（昨晚服藥足量，睡眠在八小時以上，晨起猶覺矇矓如醉，蓋MEDINAL 已久不服用兩片也）。閱報載，昨日主席為聯合國二週年紀念演講，簡潔而得體，可知凡他人代擬而得自由決定其體裁者，始不致曼衍凌雜。反之，凡主席愈重視之文件，則愈不能簡單，其由來亦非一朝一夕矣。十時後，就前擬之告國民書照諭加要點，為之修改重寫，有若干段實在萬難加入。至十二時僅寫成六分之一。食麵包二片後，接續重寫。六弟來，未晤談。至五時始勉強完成。冗長凌雜，余殊不欲複校矣。夜閱參考消息及信件。十一時寢。

6月28日　星期六　晴　八十三度

八時十五分起。昨晚又得酣眠，為近月所未有。早餐後李立民先生來訪，罷官年餘，以生活困難，又不得不出謀政治上之工作，此亦今日一現實問題，談一小時餘去。接三侄來函及世璽自美來函。閱報及參考消息。午餐後，天氣轉熱，又小睡一小時以上，極酣適而無夢。起作覆巽兒及懷雄各一函。張道淵同學來談上海經濟界之危狀，約一小時。此君回風先師當時甚賞許之。今乃一純然商賈矣。希聖來談軍事與兵制。夜八時到力子家晚餐，十時歸。六弟來談。十二時卅分寢。

6月29日　星期日　晴　八十四度

昨晚入睡較遲，今晨不覺晏起。盥洗畢，已十時五十分矣。近來晨醒以後，輒又貪睡，衰老之狀也。晏甸樵（道剛）來訪，擬進行立委選舉，余為備論其難，乃擬改為競選監委。述閒居之痛苦，不勝同情，談一小時餘而去。十二時五十分午餐，餐畢又覺略倦，就床小憩，竟又睡一小時以上，且多疲繁之夢，如日間工作也者。四時岳軍先生過訪，談中樞各事，如環無端，不知從何處解其癥結。相與慨嘆久之。董霖來訪，未晤也。接憐兒來函。覆泉兒、樂兒各一函。三兒來談。夜讀貽天舊詩。十二時寢。

6 月 30 日　星期一　晴　八十六度

八時十五分起。九時到中央黨部出席紀念週，鄒海濱先生主席，劉維熾報告僑務行政概況，十時十分禮成。至會議聽參加黨政小組審查會，到鐵、立、厲、科、羣、白、力、杰、震、蘭友等。討論剿匪軍事決策，十二時卅分完畢。應總裁之召，到官邸談話，交下文稿，命再斟酌。又囑擬議提案。並交下手示一件，即往訪吳秘書長面交之。一時卅分歸午餐。餐畢閱報小睡。三時到黨部參加中常會中政會聯席會議，總裁親臨主持，就黨務、政治、軍事等有詳盡之報告及指示。大意為：

（一）黨團合併；

（二）中共叛亂應以軍事解決。

四時卅分總裁先退，由哲生主席，討論至七時卅分始散會。公展來談，晚飯後去。夜核改講詞一篇。十二時寢。

7月1日　星期二　晴　八十六度

九時許始起。近日服安眠藥稍多，故晨間往往遲起。值此暑天，最宜在六、七時之前起床，而余竟懨不能興也。早餐後閱報畢，為委座起草一提案，未著手前，以為亦極簡單，詎竟提筆茫然，不能下隻字。十時以後始以極勉強而匆促之狀態下寫成之。午餐後熱甚，小睡未熟。委座命擬嘉獎四平街守軍之電令，四時寫就送上。並上蔣夫人一函，說明腦力疲竭之實況，非欲偷閒，亦非欲卸責，實恐在此期間草擬文件日多，余不直告，勢將誤事不淺也。五時謁委座，季陶同往，談黨務與時局。與夫人及委座散步校園中。八時歸晚餐。夜徐佛觀君來談一小時。閱函件。十二時寢。

7月2日　星期三　晴　八十七度

八時卅分起。今日以精神不振，上午政治委員會未能出席。閱報載四平解圍後國軍頗有進展，堪為欣慰。十時滄波來談滬上情形及輿論界近況，相別已久，話言遂多，至十二時始去。蔣夫人來電話，囑余早日移地避暑靜養，余答以此星期內未能成行也。午餐後小睡，徬徨惆悵，未能入眠。三時舊同學朱起蟄君來談（謀事）。四時莫柳忱先生來談中蘇外交所見。七時到孫公館會談關於選舉及時局等事。八時與厲生等同歸寓。飯後與立夫兄長談一小時餘。六弟、八弟來談。十二時後就寢。

7 月 3 日　星期四　晴　九十度

八時卅分起。今日上午九時，政治大學舉行校務會議，未出席。午後第二會議廳之幹部會報，亦未出席。蓋精神甚疲，不欲接觸紛繁也。早餐後改正星期一講詞紀錄稿一篇，又準備七七告民眾文字，就徐佛觀兄之初稿為酌改成之。直至一時始午餐。餐畢略睡，至二時卅分起。擬發雞山募捐冊（啟宇、佐庭、任滄、蘅驄、彬史、眉叔）。六時到官邸見主席，與各院長及府委同進見，討論明日之提案，至八時歸。允默今日胃痛，嘔吐發熱，延金醫診視。九妹、憐兒自平飛京。夜與六弟等談話。又與憐談。十二時寢。

7 月 4 日　星期五　大雨　七十九度

八時卅分起。九時亮公來訪，以主席提案稿之內容告之，亮公甚為贊成。又談行憲準備中之事項。十時到國府舉行第六次國務會議，主席提出：「為拯救匪區人民，保障民族生存，鞏固國家統一，請決定實行全國總動員，勘平共匪，掃除建國障礙，如期行憲，貫澈和平建設方針案」，海濱、家菊、德惠、海門均表示贊同。休息二十分鐘。略改字句後通過。又討論例案。余被指定為政治組審查會副召集人。一時卅分散會歸寓。午餐後小睡約一小時，似有心跳之象。唯果來談一小時。以委座催促，將佛觀所擬之告國民書稿呈上。此文雪艇謂不可發也。夜與憐兒、九妹談話。十一時卅分寢。

7月5日　星期六　陰晴、下午大雷驟雨、傍晚晴　八十五度

八時卅分起。腦力極疲滯。上午閱報，閱參考消息，作函二緘（致樵峯、覆鶴皋）以外，未作他事也。十二時接官邸電話，約往談。岳軍、公權、鴻鈞另有要事進見，余一時入見委座交下告國民書稿，仍命改易補充，只得勉強承受而歸。二時始進午餐，為蔣夫人核閱論文譯稿（為英國某報所作）一件。小睡未成，三時十分強起。修正文字，乃覺頭緒凌雜，不易爬梳。工作未半，芷町來談，間斷一小時以上。又續奉兩次電話指示。寫至七時以後，提筆茫然，竟苦思不能下隻字。勉強支持，寫來異常潦草。十時完成，食麵包二片。十一時卅分寢。

7月6日　星期日　陰晴、夜雨　八十六度

八時五十分起始起。家人寄來楊梅，由辟塵託專人由滬寄京，得嘗多年不見之鄉味，稍慰病中悲悵之心理。選一簍奉呈蔣夫人，並分貽諸友好。惜品種已變劣，不及戰前矣。上午休息，作私函數緘。八弟、皓兒均來家敘談。午餐後一時卅分主席以告國民書稿命曹秘書攜來，再交整理。即為校閱，囑省吾等繕呈之。五時卅分攜九妹、憐兒、皓兒遊雞鳴寺，在豁蒙樓啜茗。旋又至五洲公園散步，一小時而歸。夜八時十五分晚餐後，大雨如注。閱書報，洗澡，十一時寢。

7月7日　星期一　陰　八十度

九時始起。今日真須休息，故紀念週亦未參加。嗣聞總裁親臨致詞勗黨員自強，責備極殷切也。閱報載論評，和平日報之文氣勢特佳，大公報一文亦尚得體。向午果夫來訪，談黨費籌措，以及黨政具體問題甚多。上午並與憐兒談彼之婚事。十二時卅分午餐後小睡，一小時許起。今日天陰，下午稍霽，亦尚涼爽。作致友人函數緘。下午四時鄭通和君來談教育，其志不衰。夜陶希聖兄來談滬行所見。孟海來訪，以萬耀煌主席宗譜題字事面託之。與九妹等談話。十一時卅分寢。

7月8日　星期二　晴　九十度

八時卅分起。上書主席，說明腦疾非休養不可，請假一個月，並函中央各會議分別請假。十時俞樵峯君來訪，談四明銀行事，約一小時去。周秘書宏濤來訪。十一時謙五內弟來訪，談滬上諸事，余並與之談憐兒結婚準備各事。午餐後小睡起，整理物件。以君章病未癒，省吾懶散，聖章愚蠢，故一切須余自己動手，甚感怱率也。芷町兄來訪，談一小時去。李唯果兄來談中宣部事及時局，激昂過甚，知其感觸甚深也。今晚決先赴滬一行。待四弟不至。十一時偕允默赴下關，乘車返滬。一時寢。

7月9日　星期三　晴　九十度

六時卅分醒即起。車抵安亭稍停，待凱旋車過後始開行。八時十分到北站，秋陽、伯準來迎，即與同乘車回惇信路。滬上寓居人口似有增加，然交通管理尚好。車中聞秋陽談金融界及一般物價與人心之不安定，此均在想像之內，然人心之陷溺無知，以及多疑輕信，則較之從前租界未收回時猶過之也。途中行四十分鐘始抵滬寓。與秋陽談別來情形，同進早餐。九時五十分季剛內弟來，託學純侄之事，余告以無能為役。此等事自有主管者，不可以私人情面相干。十一時稍倦，以昨夜睡不佳，小睡補足之。午餐食麵包兩塊，米飯一碗。餐後閱報，記日記，又小睡一小時許。但思緒煩複，實未成眠。午後四時迪侄與九妹、憐兒及六弟婦來。佐卿侄來訪，旋三侄叔受來談久之。六時鶴皋兄及潤卿先生來訪。仲肩學兄同來，詳談甚久。鶴兄又留談久之，勉余擺脫煩慮，保養身體為第一義。七時卅分始去，乃得與六弟暢談家事及憐兒結婚事。細兒亦自江灣路歸寧，健康似有增進，可為喜慰。晚飯後九妹及六弟等均歸去。細兒亦歸家。與家人乘涼閒談。至十一時卅分寢。

7 月 10 日　星期四　晴、下午陰雨　九十二度

昨晚睡眠不寧，今晨八時卅分始起，猶極勉強也。九時卅分細兒來家，與細、憐兩兒商婚前準備各事。余經濟艱難，正感此次不能如願籌畫之痛苦。而憐兒忽有所感，流淚無語，細兒亦哭泣，余黯然無詞，囑細兒即洗面。乃兩女一去後久久不返，余待之約一小時，心中悵觸萬端。念憐兒之哭泣，不明其因，由或因彼欲家人多赴北平觀禮，而余以行旅實太困難，旅費昂貴，只允請六弟代表主持之故。或因追憶其亡母。然乃不顧及余之刺激，一時甚為悵惘，無可排遣，乃往西愛咸斯路三四三號訪鶴皋兄閒談，即在彼處午餐。餐畢談個人身世及今後經濟情形不堪設想，至三時五十分始回寓。一入門即已賓客滿座，貞柯、志成、秉琳及貞柯之女均在座，余見諸親友，又觸發上午之感痛，出言有失常態。秉琳乃以不切實情之語相勸慰，殊不明余之實際痛苦也。五妹、八妹及協羣甥女等先後來寓，良英甥亦來訪，秋陽攜賬件等來此，略談即去。傍晚佐庭兄為四明銀行事又來談一小時以上。客去已將七時卅分矣。嚴甥君默亦來訪，身體頗健康可慰。與良英談話，其樸實近理可喜。湘濤甥女亦攜婿來談。九時卅分諸姻親始陸續散去，余抑抑不怡之懷終難釋然。十一時卅分寢。

7 月 11 日　星期五　晴　九十度

八時三刻起。昨晚睡殊未熟也。沈昌煥君來談關於外交之所聞，並論總動員與節約之關係。今日囑細兒與三侄偕憐兒出外購備雜物，余以航機難定，私事尚多，乃決定延遲三天，至下星期四飛牯嶺。下午以此意電話告祖望，既說明以病假休息，則亦不分在滬與在牯。然而滬上浮靡奢侈、麻木混沌，實又不欲出與外間接觸也。滄波兄來談滬報界事及一般情形，詢余中樞近情，余以宣傳方針與之斟酌。滄波所見均與我同然，其關切全局之看法與我略異矣。諸兒購得荔枝，啖之絕鮮美。午餐後小睡至三時餘始起。慶蕃、秉道兩人來談。有所請託則來相訪，商界習氣大抵如此，談約一小時去。福清侄攜子女來訪，見小孩活潑天真，則中心始稍感愉快。與棣棣及懷頤談笑久之。志飛侄及建極侄、蕙蘭姪女亦先後來訪。西亞兄與啟煦侄來訪，談申報館各事及滬上一般經濟情形。余對西亞諷示其不必兼上海商報職務，兩人談至七時始去。傍晚九妹、三姪及汲青侄女、永常侄婿來談。晚餐時濟濟一桌，異常熱鬧。餐後與永成及三侄談話久之。三侄頗歎滬居之不易。夜閒談，十一時卅分寢。

7月12日　星期六　晴、陣雨　八十九度

八時卅分起。與明兒等談話。明兒即將入大學，其趣向為理論科學，此正如先伯兄所言，非贍生之具也。致唯果兄一函，諷勸其對中宣部任務勿過堅辭。宜毅然任之。秋陽來談一小時。閱報都無佳消息。向午積祚來談。壯元弟婦來訪。余對彼家之子，只能探察實情，再行決奪，不能超過分際，有以相助，只得請允默代見之。午餐後小睡一小時餘起。與憐兒談話。沈賢成君偕三侄來談慈東、慈北情形，約一小時去，至堪歎憤。鶴皋兄來答訪，談滬上友人情形。夜與良英談話，以函一件面交之。十時良英去，小坐後十一時卅分寢。

7 月 13 日　星期日　晴、夜雨　八十八度

八時卅分起。早餐畢馮盈甥女來訪，略談即去。詹文滸君來談新聞報館之前途，詢余以改進要點，至十時卅分始去。公展來訪，談中樞情形及黨團統一組織問題，並以上週中常會情形相告，談至十二時去。周佩箴先生來訪，余乃無力接談，囑允默代見之。午餐後為迪侄閱文課。以昨晚睡眠未足，頗感疲憊，服S. A 一小丸，就睡一小時以上。夢境離奇複雜，腦神經顯係有病。今晚約范秉琳兄伉儷來晚餐，彼挈其子世弼、女儀弼、善弼及媳張氏同來，餐畢驪談，至十時去。十一時卅分寢。

7 月 14 日　星期一　上午陰、午後晴　八十七度

九時許始起。與細兒、憐兒談話。接張岳軍先生函，慰問病狀。又接唯果兄函，述最近之志願，並告無恙，余心滋慰，深恐其神經不堪受刺激，又罹昔年之症也。在寓無事，為子侄輩閱文課，將迪侄所作之文細閱而評改之。午餐後小睡，福子甥女挈兒來訪。四時後閱報及舊詩文稿自遣。李祖範兄電話約談，辭以臥病，蓋余實亟宜靜養也。晚餐後坐涼台上與家人閒談，對皓兒之婚事頗望于短期內促成之。十時細兒回去。十一時卅分寢。十二時卅分入寢。

7 月 15 日　星期二　晴、鬱熱　八十七度

七時卅分即起。準備上牯嶺以前各事，心緒殊為繁亂。九時芩西老友來談，知其一病三月，近始稍稍復原也。談滬上諸友情況及一般社會風習，與國事世局前途，對余多所慰藉。十一時始別去。跋范君秉琳壽言，楊菊庭兄所撰也。又為朱仰高君題畫蘭，應酬而已。午餐後已一時，小睡不能入睡。孫明華、旦華世講來。客去後又覺疲困而不能入睡，悵惘煩紆，不能自抑。叔眉來訪，亦未晤也。與南京通電話，甚恨祖望作事不負責任。夜六弟來談，以憐兒婚事託之。十二時就寢。

7月16日　星期三　晴、夜雨　八十九度

九時起。閱報載，行政院擬議之總動員實施方案，凌雜而不完滿，此必經删改割裂者。中樞諸人之疲勞可想見也。作題跋一首，題三多堂壽言，為筱堂姻丈之夫人作此文。發心於三個月以前，今日乃始以二小時之力成之。午餐後為之寫就，三時始得小睡。明日將離滬，西亞、良英、秋陽諸人來送行。辟塵攜儀發來訪。以滬上諸事託之。細兒及嚴甥君默亦來送行。晚飯後與八妹（子嫺同來）長談，知其心境愁苦，盡力勸慰之。客散已將十時，整理行篋，不勝惘惘之感。明日須早起，十時卅分寢。

7月17日　星期四　上午陰、下午晴　八十八度

六時即起。草草進餐後，與允默偕辟塵、秋陽同至龍華機場。鶴兄及伯準、培農來送行。八時卅分乘中國航空公司五八號機離滬，九時三刻到南京，下機小座，與祖望、唯果、君章、宏濤略談，十時仍登機，八弟同行，十二時抵九江機場。即與省吾等諸人同至農民銀行小憩。何雨馨君夫婦款以午餐，極豐美。張警察所長及田局長來同餐。午後小睡，三時卅分驅車至蓮花洞，換輿登山，坐山轎行二小時許，至小天池，吳局長等來迎。仍住脂紅路六號。與李立侯君略談。七時偕八弟至河西路，轉至傳習學舍前游覽，八時一刻歸。夜十時卅分寢。

7月18日　星期五　晴

七時即醒，猶有睡意，臥床不欲遽興，已而矇矓入睡，至九時五十分起。今日為上牯嶺後之第二天，置身清涼世界中，念神州禹甸妖氛熾張，匪區同胞處奸匪淫威之下，剿匪將士馳驅於烈日酷暑之中，而中樞諸同人則方晨夕疲精勞神以推進戡亂總動員，而余乃以病軀不勝工作，不得不入山休息，心滋愧矣。聞今年入山者截至昨日止約不滿千人，游客僅居其半，而外人佔其十分之六，較之去年喧寂迥殊。因思如此時局，即一般商賈亦營營逐逐不遑自寧，整個社會之現狀直可以不安定三字概括之，寧不可憂。上午閱四弟等來函，為雞山捐款，覆謝杜君一函。午李君中襄、吳君仕漢、湯君聘伊設饌寓廬，宴余夫婦。一時卅分餐畢，李君留談至三時始別去。知中央已決定不令其再任贛民廳事，由王芳舟主席聽信流言，對之頗有成見也。天氣轉熱，小睡以蘇困倦。四時胡獻可院長（九江省立醫院）偕某醫來，為余診目疾，並注射針藥。六時卅分偕允默出外散步，至九十九軍陣亡將士墓前瞻禮而歸。八時卅分晚餐，與八弟談話。十一時寢。

7 月 19 日　星期六　晴

八時三刻起。早餐後，閱祖望在機場所交各件。十時偕八弟及省吾至河東路游覽，江管理員導余等參觀主席官邸之園圃，花草蔥茂，較去年整潔多矣。繼至勵志社理髮，十一時卅分歸。十二時卅分午餐，餐畢小睡二覺，至三時四十分始起。五時卅分偕允默至正街游覽，折行河南路中途，遇鄧君直，已四年不見矣，知其來山養病，已將一載云。旋上松林路散步，約一小時，至七時十五分歸寓。讀近人詩自遣。夜涼甚，十時卅分寢。

7 月 20 日　星期日　晴　七十八度

八時起。昨晚睡不甚酣熟，屢醒而多夢，蓋腦筋猶未寧靜也。近來睡時輒感兩足無處安放，疊股則覺重壓而作痛，此亦體力衰退之一徵。午前無事，臥廊下看山色，聽教堂之琴聲歌聲，因思人有宗教信仰亦為苦悶中一種安慰，愧余未能起信耳。午餐時食蕃茄絕美。余婦百般為余調養，念之淒然感激。午後照例小睡亦不深。四時卅分施覺民參軍過訪，談南京事。五時卅分出外散步，由脂紅路經中路，轉河東路至交蘆橋相近處，七時卅分歸。夜與八弟談話。十時卅分寢。

7 月 21 日　星期一　陰、晚晴、多風

七時五十分起。作函三緘，一致曾慕韓，告短期內不能回京；二致周宏濤，告上山後休養之經過；三致憐兒，談家事及婚前準備諸事。僅作三函，即感手腕疲痛乃中止。向午感涼小憩。午餐後與允默談話半小時，仍循例午睡，乃夢返官橋老宅，又似第二日即須出門料理諸事，異常忙碌，蓋離京時匆匆收拾諸物情狀之複演也。起讀唐人詩二卷。六時後稍晴，與默及八弟同出散步，至適然亭而歸。八時一刻回寓午餐。夜甚涼而多風，坐廊下多時。十時卅分寢。

7 月 22 日　星期二　晴

七時卅分起。入山已五日，環境清寂，繁思漸忘，然精神仍極不振，目視模糊，腕疲不能多寫字，夢中仍多複雜離奇之境界，知腦力未恢復也。出外散步，緩行不逾四里而腿部酸痛。夜間睡時輒感疲乏，則體力亦未恢復也。衰頹日甚，為之奈何。上午作函兩緘，並閱九江出版之報紙。思再作數函報親友，已無力執筆，可歎。午後小睡一小時許起。中央日報記者龔選舞來談，覺所詢問者皆不得要領。六時與默散步，至蘆林，約兩小時歸。夜十時卅分寢。

7 月 23 日　星期三　晴、下午陣雨

八時十分起。近日疲倦無力，一如在滬之時。寫信

二、三緘。即不能繼續執筆。今晨擬作一函致四弟，寫至半頁，即復中輟，何頹衰至此耶。十一時楊興勤君來談江西政情，與社會情況，兼詢余中樞各事，十二時始別去。聞廬山管理局將為魏德邁繪製巨幅肖像，植立通衢，此實無意識之舉動，亟勸止之。覆中央日報一電，告以今年不必在牯出版。午後小睡，一小時卅分起，鶴皋兄來訪，談一小時餘。夜與允默談家庭事。十時寢。

7 月 24 日　星期四　晴、中午甚熱

八時起。今日仍感疲乏無力，但較之昨日略勝一籌。寫寄君章一信，又致希聖、芷町各一函，寄四弟一長函，又寄杭州諸侄一函。連前日寫就之函一併寄出。閱葉遐菴近作詩詞，乃腦力散漫滯鈍，竟似不能思慮。允默見余如此，於昨日起勸服人參，不知能有效否。中午至六時山中氣候亦頗熱，計南京當在九十五度以上矣。六時出外散步，至大林路，僅行其半，由河南路經醫生窪而歸。夜接良英函，樂兒函，閱三日來之申報，至十一時就寢。

7 月 25 日　星期五　晴

七時一刻起。寫日記畢，致南京友人一函，論今後革命任務及黨與國之統一。昨日樂兒來函，寄下適之「論兩種根本不同的政黨」一文，反覆諷詠，嘆為言簡意賅之作，意有所感，亦寫雜文一首，述二十年來之所知聞，用起草紙寫五張，尚未完畢，姑置之以待明日。今日腕力似稍有進步，心境亦較佳。午後仍小睡一小時卅分鐘起。閱京滬報紙，延醫來打針（第四回）。六時與允默出外散步，自脂紅路轉中路前行，循僻徑至公共墓園。其地幽靜，徘徊久之，再由小徑下至圖書館對岸歸。夜十一時寢。

7 月 26 日　星期六　陰晴、多霧

七時卅分起。今日精神不似昨日佳暢，寫寄辟塵、叔眉、伯莊（為託葉俊材事）、謙五各一函，均擬明日寄出。又致良英一函，未寫就。忽感心煩，腦力亦不濟，乃小睡二小時。有離奇複雜之夢。一時卅分午餐，餐畢閱報談話，又小睡一小時許（仍多夢）而起。五時卅分到大林路省立九江醫院廬山分院，請胥藝蓀醫師注射針藥。今日起仍擬繼續注射肝精，蓋余病在貧血也。自醫院歸，遇大霧。晚接秉琳來函。十一時卅分就寢。

7 月 27 日　星期日　晴　八十度

七時一刻起。盥漱畢，望窗外山色，念京滬諸親友在炎熱中工作，繫念不置。致良英函，附致慶蕃、秉道合一函。又致秉琳一函，附致吳市長國楨一函（為世弼請派赴英國考察）。致皋兒一函，勗以儉約，慰其劬苦，書畢甚悵悵於懷。往河西五三號訪天孫兄，談一小時餘而歸。社會服務處張維、王炯光約宴，辭謝未赴。十二時三刻午餐，餐畢小睡，至三時起。今日之午睡仍多夢，極吃力。

傍晚閱報兩種。與八弟及允默到正街散步，經雲窪而歸。八時晚餐，十一時就寢。

7月28日　星期一　晴　八十二度

七時一刻起。今日為上山以後最熱之一天，余之體力又不堪支持。上午則疲弱無力，下午又小病叢生，四肢酸痛，似有極輕微之寒熱，而頭痛特甚，服SARIDON 亦無效。除寫寄皋兒一函，六弟一函及憐兒、樂兒各一函外，未作他事。亦無心出外散步，終日偃臥休息而已。李贛熊（協和先生之子）君來訪，因病未接晤。下午胥鼜蓀醫師來寓為余注射補腦劑TONEPNOSPHAN 一針，至六時始強起。七時食麵包兩片。接君章來函，備加勸慰，然此心終日不怡。夜稍癒，十時卅分寢。

7月29日　星期二　晴　八十一度

七時卅分起。昨夜睡眠尚好，今日四肢酸痛及頭痛之患亦瘥，意緒亦較昨平靜，不復繁複紛亂矣。惟仍覺疲軟無力，究不知係何原因耳。與允默閒談，忽覺十年前今日正是余自牯抵京之一日，當時冀北抗戰已起，全國形勢緊張，廬山談話會第二期結束，舉國忙於備戰，余養病未癒，以國難如此，忽忽回京，在舟中即決定提早遣眷回籍，俾可隻身在京赴難。身體雖弱，而志趣悲壯，只有攘敵衛國之一念，未暇計及身家之私。當時之心境，寧能預知抗戰於何日結束，又寧能預測十年以後久經離亂之身仍回返於溪山無恙之匡廬而稍作棲息乎。允默以此勸余，勿對來日之事多所悒悒。然勝利屆滿兩年，而國內民氣如此，世局險惡如彼，則亦當時所不能預見而不能不自疚本黨努力之未盡也。今日不作他事，亦不外出，惟閱讀先回風師之文，諷詠往復，儼如二十年前承教於修能學舍時也。午刻熱甚，四時後白雲四起，天氣轉涼。晚餐後出外散步，至正街，擬上松樹林，忽遇章乾修君，邀之歸寓談話。為作介紹函一緘。十一時就寢。

7 月 30 日　星期三　陰

七時十五分起。今日仍筋骨酸痛，氣力疲軟，終日鬱伊不怡。上午擬作書函報友人，而提筆惘然，右腕之顫痛亦久久未復原。此次上山休養，可云毫無效果。而最近三日之健康及心境尤為衰退繁複，非初上山時可比也。上午閱鄉友宓泰治君寄閱之文字。宓君吾邑名醫蓮君先生之子，吾友頡剛之弟也。詩文均無足觀，惟用力甚勤。午餐後只能偃臥，在床上讀先回風師遺文。有李鄴者來訪，允默代見之。胥醫來打針，夜與允默閒談。十一時就寢。

7 月 31 日　星期四　陰晴、傍晚雨

七時三刻起。念南京諸友，作致唯果兄函，又致君章一函，將李函附入寄去。致宓泰治君函，與敘鄉誼，並告以詩文宜多讀而少作，不可輕易成篇。以宓君業醫而有志於文詞也。上午僅寫此三函，又覺疲勞而手腕顫痛不止。今日頭痛亦不癒，右鬢角及前腦蓋骨之表皮內常隱隱作痛，此病殆由於生理，而非神經疲勞之原因矣。午餐後小睡二小時許起。兩週以來，真可謂飽食終日無所用心矣。有李鄴者，並不相識，而遽頻頻來訪，以事相干，可謂妄極。省吾代見之。午後有霧稍涼，為練習腕力，鈔詩七、八首。夜與允默談民二十一舊事。十一時寢。

8 月 1 日　星期五　晴熱、下午大雨

七時四十分始起。記日記畢，坐庭前看山久之。念杭州友人，致林黎叔一函，錄回風師病中詩寄示之。黎叔閱之當為發一深喟，謂余意志何頹唐乃爾耶。十時鶴皋兄過訪，詢余病狀，談養氣攝生之道，多道家者言，其意甚誠。然於余實格格不入，以余對靜坐導引之術無研究也。又與余談往事及彼此性情身世，至十二時始別去。一時午餐畢，又小睡一小時餘起。天時躁熱，已而大雨兩小時。胥醫來打針。夜仍與允默閒談。十一時寢。

8 月 2 日　星期六　晴、下午小雨

七時十五分起。致程滄波君一函，述上山後體力未復及自傷衰老之心緒。滄波待余甚熱心，能直言規勸，余處世治事之作風與之不盡相同，而交誼則非尋常也。腕力甚弱，習楷書六百字亦尚不覺甚苦，宜常常練習而克治之。閱最近之申、新兩報，新聞報卅一日之社論，論經濟政策立言有風骨。八弟購得滬上小報，閱之殊為社會教育憂念也。午後二時小睡至四時起。接憐兩函、明一函，宏濤、君章、希聖、四弟各一函。六時卅分偕默出游大林寺，八時十五分歸。夜與八弟談新聞業。十一時卅分寢。

8 月 3 日　星期日　上午雨、下午晴

七時卅分起。續接希聖一函，又杭州諸侄及明兒各一函，覆希聖一函。並作致憐兒一函，指示其結婚準備各

事。寫未及半，即覺右腕痠痛不能寫字，只得中輟。腕力腦力如此疲弱，真自嘆不能復用矣。目視亦昏花，醫療無效，輒喚奈何。假期八日屆滿，不得不函呈續假也。午餐時購西瓜一枚，食之味薄而不脆。午後小睡約兩小時許。五時後天色晴霽，偕允默往五十三號訪孫鶴皋兄伉儷，談二小時許歸。夜閱報。十時卅分寢。

8月4日　星期一　雨　六十六度

七時卅分起。山中大雨竟日，濃霧飛揚，氣溫驟降，可御夾衣矣。以假期將滿，呈蔣公請續假至本月底止。郵寄宏濤轉呈之。覆憐兒一函，致六弟一函。又分函中政會、中常會、國府委員會等請續假，均寄君章轉送。聞常乃德（燕生）病逝成都，囑君章代辦輓聯焉。八弟定今日下山回京，以大雨不果行。嗣知飛機過潯未停也。午餐後小睡，約二小時許乃起。雨中枯坐，讀葉遐菴之著作，其詞特佳。閱九江報紙，聞蔣公有來牯之訊。夜更涼，十一時寢。

8月5日　星期二　晴　七十度

七時卅分起。昨日精神似有進步，而今日又稍差。右手指節作痛，迄未癒，由四、五兩指而拇指，今則中指亦作痛矣。覆威博一函（為王光文世兄事）。又致良英一函，寫字未及一頁，以指痛中輟。今日午前仍陰，向午始晴。閱九江報紙，國內局勢仍進退互見，政治作風未能切合實際，殊為可念。午餐後休息一小時餘，竟疲緊異常。起讀雜誌一種及蔣夫人昔年在美演講集完。胥醫來打針。六時偕默出游中路（途遇趙樵華母子），轉正街而歸。夜十一時寢。

8月6日　星期三　晴　七十六度

七時四十五分起。昨晚睡眠極不佳，余近服AMYTAL常不見效，何也？致貞柯一函，答其前函慰勸之殷，為述邇來緊憂之故。即此短短一函，亦覺辭不達意。此一管筆，今已不能供我驅使，寫心中之所欲言，悵惘何極。皓兒來函，由允默覆之。此兒對世故人情理解不夠，大是吃虧，皆余在滬杭時不善誨誘之過也。十時後忽覺發冷，小睡亦輾轉不能眠，一時起午餐。餐畢又小睡。接希聖書，五時八弟下山，送之門首。中央社記者彭清來談，卅分鐘去。周覺先（外勤隊長）來訪，未晤。六時卅分偕默游醫生窪、湖北路，折回河南路而歸。九時晚餐。十一時寢。

8月7日　星期四　陰、下午雨

七時五十分始起。昨晚睡足，今晨自覺精神充沛舒適，此或療養已見功效之開始也。上午作函數緘，致狄君武（內附致溥泉先生函）、謙五弟及四弟、九妹、約兒及杭州諸侄，寫此函札後，仍不覺如何疲勞，堪以自慰。午餐後小睡，惜仍不免多夢。二時起，同鄉嚴友君（有均）

先生來談，約三刻鐘而去。嚴君學佛人，然見解極通脫切實，與一般不同。傍晚大霧，胥醫師來打針，冒雨回去，甚感激之。夜閱雜誌一冊。接細、憐、泉、良英、君章諸人來函。十一時十五分寢。

8月8日　星期五　雨、大風　七十二度　立秋

昨晚狂風密雨，竟夕不止，晨八時始起。天氣驟涼，濃霧籠罩天際，精神不如昨日之怡爽。念泉兒在海外，作一函覆之，對其學業及回國後就業之準備有所指示，未能盡意也。欲再作其他覆函，而心思不能寧定。今日骨痛之患又微作，當係不勝低氣壓之故。長江一帶水患可慮，恐將影響收成矣。午餐後小睡亦不佳。申報記者張明來訪，未及見。閱四日來之中央日報，希聖有評經濟政策之小言，極有見解。夜與允默談舊日事。十一時寢。

8月9日　星期六　陰晴、傍晚大雨　七十二度

七時起。致國成、秋陽、西亞各一函，覆良英、細兒各一函，覆憐兒一函，附去致六弟一函。憐兒明日成婚，余不能赴平主持，固甚念之也。蔡孟堅君來訪，談江西省善後救濟工作，致力於農業水利方面為多，可謂得要。一般批評，對救濟工作以皖、桂、贛三省較有成績也。劉經扶君來訪（吳仕漢同來），談十五分鐘去。午餐後小睡，一小時起。偕允默出游，遇大雨，至圓明園吃咖啡。雨止，仍至河南路繞松林路而歸。傍晚驟雨，夜風雨交作。十一時卅分寢。

8 月 10 日　星期日　晴、有陣雨

七時十五分起。大雨已止，天氣新晴，早餐畢，往訪王方舟主席，尚未起床，至河西路訪鶴兄，亦未遇，遂歸。閱一週來之申報、新聞報。胥醫來打針，並注射防疫針。中午鶴兄來談，午餐後去。午餐後天時漸熱，小睡未熟。接主席來電（九日發），囑繼續休養。四時偕默出游中路，至猴子嶺腳折回，及散步一小時一刻。今日下午四時憐兒在北京飯店成婚，遙念不已。接唯果、叔受、季剛等來函。七時應王主席之宴，到經扶、紀常、任師尚等十九人。九時卅分餐畢歸寓，食西瓜。十一時十五分寢。

8 月 11 日　星期一　晴　七十四度

七時起。記日記畢，覆季剛弟，叔受侄各一函，又代電賀俞樵峯、俞佐庭就職，寄貞柯轉致之。十時後忽覺胃不安寧，有嘔吐現象，乃就床休憩，竟亦睡熟，可知昨夜眠不佳也。一時進午餐，餐畢閱報及申報小冊，仍午睡一小時餘。六時偕默外出，由牯嶺街至大林路散步。風景幽蒨，在大林寺前遇葦舫法師，略與寒暄。覓一星子縣童子為導，越嶺經醫生窪折至河南路而歸。已八時一刻矣。食臨川瓜甚美。閱昨日新聞報。十一時卅分寢。

8月12日　星期二　晴　七十三度

七時起。早餐後稍坐，覺胃部極不舒適，似欲嘔吐，且頭痛神疲，乃就睡養息，至午稍癒。仍起食午餐。接六弟來電，報告璉兒婚禮情形，亦了卻一樁心事。又接中央社電，蔣公有赴青島巡視之消息。尹仲容及西人蘇威廉（W. H. SCOTT）均來函致候。二時後再午睡，蓋被太熱，多奇異之夢。胥醫來打針。為廬山報撰祝詞。六時五十分偕默出外散步，行松林路、河南路，至八時一刻始歸。夜十一時寢。

8月13日　星期三　晴　七十九度

七時卅分起。憶去年今日，亦在廬山正為文字撰寫所苦，今年乃得偷閒誦蘇公詩：「因病得閒殊不惡，安心是藥更無方」洵不誣也。閱日來滬潯各日報，此心又牽縈於雜事，積習難移，殆將與之終古矣。十時美國教士蘇威廉來訪，談中日關係、日美關係，其言論尚平直。惟初來東方，所觀察者多浮淺不切實際，為詳論之。又有孫受天君（名福，皖人）來訪，則未及與談也。午餐後忽患腹疾，下午凡水瀉四、五次，夜只能食稀粥。十一時一刻寢。

8月14日　星期四　晴　七十八度

八時十分起。腹瀉已止，而消化不良，腸胃間仍隱隱作痛，竟日精神委頓不舒，與三日前之情形又不同。此次上山養病，動遇挫折，未復健康，殊自憾也。接俞樵峯君來函，告四明銀行事。午餐仍食稀粥。餐畢小睡，不及一小時即醒。臥讀唐人詩兩卷。旋鶴皋兄偕妻女及友人俞君全家來訪，剖一大西瓜餉之，蓋蔡孟堅所贈之撫州瓜也。談笑久之始別去。七時卅分胥醫來打針。夜接西亞、君章、毓麟、希聖、果、立等來函。十一時卅分寢。

8 月 15 日　星期五　晴　七十六度

昨晚睡殊不佳，四時許即醒，不能復睡，幸尚能自節繁思，一小時候又睡去，至八時始起。閱諸友來函後，十時至蓮谷口社會服務處理髮，約一小時歸。閱西亞寄來杜君之事略，有精力超人有足佩者。嚴友君先生再來訪，言葦舫和尚明日升坐，余為題四字贈之。午餐後小睡，僅一小時許即起。作覆函兩緘。五時偕默出游，由河西路登嶺，經醫生窪口下大林路（途遇君勱全家，略與寒暄），至仙人洞游覽。今日行路甚多，八時十分歸。夜十一時寢。

8 月 16 日　星期六　晴　八十二度

黎明忽患水瀉三次，八時十五分起。盥洗畢，覆西亞一函，又致君章一函。以瀉疾關係，疲軟異常，且上午天氣鬱悶異於平日，以致頭痛頭暈（近七、八日來常有頭暈之疾），不得已就床休憩，久久入睡。十二時起午餐。閱本山報紙及滬上航報。午睡時矇矓疲繁，有極不愉快之夢。張明來訪，余婦代見之。接六弟函，自誠函，三侄及良英各一函。三侄函中報告本邑治安情形，甚怪邑宰處理不當。六時卅分偕默至中路散步，腳力不繼。夜又瀉一次。十一時卅分寢。

8月17日　星期日　晴　八十度

七時三刻起。腹疾稍癒，瀉已止，惟腸胃仍隱隱作痛耳。戴院長昨來代電，囑擔任本屆高等考試典試委員長，余病體如此，不能擔任，覆電謝絕之。覆六弟及良英各一函。接佐庭函，寄來四明董監會之議案。十時鶴皋來談，約一小時去。接箴五函，商效實建築貸款事。一時午餐後小睡，時間極長。醒後閱雜誌數種。今日神思又不甚愉快，雜念紛起，無術自制。嚴友君居士餽食物。六時卅分偕默再游松樹林。夜閱雜誌。十一時後始寢。

8月18日　星期一　晴　八十二度

八時二十分起。腸胃仍不舒，且有便閉現象。口舌乾枯，似有微熱也者。幸連日服表飛鳴劑，當不致有腹疾耳。致季陶、百年先生各一函，覆蔡君箴五一函。閱報載中樞連續議訂經濟案，今日頒布關於加強管制外匯辦法，想見諸同人之忙碌異常也。璉兒婚後未有函來，再作一書（寄貝滿），詢其近況。宓泰治君來訪，未晤談。向午以後，精神疲頓，情緒抑鬱，又回復在滬時之情形。午餐起後鬱熱甚，閱新中華雜誌等數冊。注射二次防疫針。夜十一時寢。

8 月 19 日　星期二　晴　八十二度

九時廿五分始起。昨晚中宵忽醒，故今晨起身特遲。腸胃之疾稍見平紓。覆四弟一長函（擬廿二寄出），告近況及商攝生之道。四弟函來勸我遇事勿認真，意謂勿執著，然余於此實深愧之。又覆君哲學兄北平一函，謝其對璉女婚事臨存垂詢之誼，兼及定民世兄就業事。午餐後小睡起。天色稍陰，閱書報自遣。五時卅分張君勱先生來訪（其子國朝，清華理科三年生同來）談民社黨分裂經過及國家施政要計，至七時卅分始去。因而不及出遊。夜十一時就寢。

8 月 20 日　星期三　晴　八十四度

七時三刻起。昨晚睡尚佳，今晨似覺腦力漸已可用，乃準備寫申報紀念祝詞。豈料一提筆又復茫然不能寫隻字，至十時許仍一無成就，如此遷延，日復一日，洵覺可憂可嘆。同鄉憲兵分隊長陳信鏗（鄞縣人）、沈如芳（吾邑沈師橋人）來訪，詢知均於二十七、二十九年從軍者，談卅分鐘去。十一時嚴有均先生陪徐霖泰（樹人，江西人）君來訪，四十年前府中學堂之舊同學也。多年老友，懽談至午而去。午餐後小睡不酣。下午熱甚未外出。芷町夫人來訪。夜與允默談個人出處。十一時寢。

8月21日　星期四　晴、午微雨、下午陰　八十度

七時卅分起。寫寄滬寓及細兒各一函（後未發），又寄西亞及君章各一函。十時以後又有疲乏嘔吐現象，且覺頭痛，強自支坐，不就睡，服散利痛一片，旋亦稍癒矣。欲練習文字，終苦無氣力。午餐後小睡，僅一小時即醒，仍多夢。起後閱報，接周秘書宏濤電話，謂卅三年以後之日記可不必錄副，暫且保藏再定。五時五十分王墉伯、孫冀父、袁惠常三君由京奉命來山，到寓相訪，談半小時。六時卅分偕默緩步出游適然亭。夜接憐、樂、悆、叔受、西亞、秋陽、君章、黎叔函。十一時寢。

8月22日　星期五　晴、下午陰、夜雨　八十度

九時始起。今日精神有開始恢復之象。致樂兒一長函，為分析哲學系與文學系之得失。又致旦姨一函，覆貞柯函（並附致介紹函為其子善登入學）、西亞函。君章寄來大哥遺著，開卷溫讀，頓使胸襟披豁。大哥之詩文洵乃江河不廢，非家人之私言也。午餐後小睡，為時甚短，頭暈終不可止，已半月矣。且胃腸易作嘔吐，必以高枕憩睡經一刻鐘始癒。詢胥醫亦不知為何症也。傍晚天陰，與默至火蓮院前散步歸。夜下雨。十一時寢。

8月23日　星期六　陰　七十五度

八時十五分起。為申報發行二萬五千號題詞紀念，凡八十字，以兩小時之時間寫成之，仍苦詞不達意。此一小文，發心已在二星期以上，疲可知矣。覆芝室先生函，謝浙寧小學董事長事。覆張文伯君函，致鐵城、立夫各一函。十一時鶴皋來訪，談至午餐後一時別去。小睡一小時起，今日天陰轉涼，精神稍覺舒爽。三時卅分何君雨馨自潯上山，來問余疾，談一小時，貽山谷雙井祠堂碑拓一束。李立侯、陳際唐來談，良久而去。接綽兒函。夜覆綽兒一函。十一時寢。

8 月 24 日　星期日　陰晴　七十二度

七時五十分起。今日氣候涼爽，然下午仍熱。盥洗畢，撰贈序一首，祝杜君月笙六十壽，以時日迫促，匆率成之，既成自視，尚不支蔓，遂定稿不復點竄矣。十二時十五分何雨馨兄來，偕允默與何君同赴鶴兄家午餐。肴饌特豐盛，飲汾酒兩杯許，乃覺微醉。飯後與雨馨、鶴兄談至三時後歸寓。小睡至五時醒。作函致杜君，並函託西亞轉寄，以壽序稿請西亞囑書之。七時偕默出游松樹林，循河南路歸，費時五十分鐘。夜十一時一刻寢。

8 月 25 日　星期一　晴　七十九度

七時三刻起。以杜君壽序稿寄西亞，託代寫，另寄六弟一份。致鐵城、君章、宏濤等各函，又呈委座一函，告胃病無進步，九日開會將不能出席，擬自九月初再展假十天或半個月。又覆綽兒侄一函，寄憐兒北平一函。一時午餐，餐畢閱報。見魏特曼發表臨行談話，措詞極不遜，意頗怏怏。小睡二小時許始起，如有夢魘然。四時省吾來，言委座明後日或將來山云。南京寄來敬鄉樓詩集，黃溯初君遺著也。讀之追憶往事不置。七時胡靖安君來訪，談時事甚久，語多刺激。夜閱申報小品。十一時寢。

8月26日　星期二　晴　八十一度

八時一刻起。昨晚嗜睡特甚，然仍多夢。上午讀大哥文集自遣，至味醇醇，洵百讀不厭也。知南京有電話來，委座未必上山，然則將去青島小作休憩歟？十一時李中襄君偕其夫人來訪，與內子同接見之，談一小時去。遺一小冊，囑題字。午餐後熱漸甚，午睡一小時許而醒。羅運炎君來訪，未及晤也。近日頗思料理私人之文債，而腦力仍不堪用，屢試屢輟，以為苦。五時卅分偕默出游，鶴兄攜其二女加入，同游醫生窪、松樹林。夜在庭中玩月。十一時寢。

8月27日　星期三　陰雨　七十四度

七時五十分起。今日天氣突轉陰晦，上、下午均多濃霧，林巒蔽虧，咫尺外不見人影。偶開牕，風吹霧入中人鼻，癢癢欲嚏。下午風暴而驟，飛砂走石，時下豪雨，至傍晚七時許雨始稍止。今日竟日未出門，亦無人來訪，均以書籍自遣。讀溯初之詩，知其黨見極深，更慨民國初年政黨爭鬨之為害於人心風俗者甚大。如吾浙陳叔通君序黃君詩，其詞際涉政治意氣語，叔通賢者，他可知矣。

接西亞來電，又接辭修電話，詢余何日歸。夜十一時卅分就寢。

8 月 28 日 星期四 陰 七十二度

昨夜以服藥無效，竟患極深之失眠。一時後矇矓稍睡後即不能睡。至卅分鐘以上，似此非睡是睡，屢醒不已，至八時五十分強起。盥漱進餐畢，頭暈神疲不可忍，乃再就睡，一小時餘起。寄覆馮鐵生同學一函。午餐後仍服藥續睡，至三時起，始恢復正常，而腦暈乃止。可知余對安眠藥服量之深，已無可中輟，亦不能減少矣。午後胥醫來打針。天氣不佳，未能出外散步，向晚風急霧重，甚不舒。接九妹來函。七弟函。文湉、果夫及縣參會各函。夜寫字。十時即寢。

8 月 29 日 星期五 陰 六十九度

七時五十分起。氣候陰沉潮濕，近處或有秋淋之患，身體亦受其影響，耳鳴頭暈又作，且腦筋極疲，不能用思慮。覆九妹一函，又致四弟一函，寫家人信札亦覺格格不吐，心力之枯竭甚矣。十時以後又忽忽不樂，只能伏枕假寐。十二時卅分午餐後，又小睡二次。多夢而意極煩。中央社彭清君來訪，詢委座來山消息，據勵志社人言，明日可能到牯嶺也。何雨馨君寄來滬甬報紙。傍晚狂雨濃霧相追逐，入夜氣候愈劣。閱讀哲學史，至十一時三十分就寢。

8月30日　星期六　陰、陣雨　七十二度

七時十五分起。昨晚睡眠較佳，晨興後精神亦覺爽健矣。李立侯君囑題紀念冊，為寫就付其僕送還之。張世傑（中央日報記者，兼廬山報採訪主任）君來訪，談新聞事業經營之不易，並叩余對廬山報之批評，談約五十分鐘去。十一時許孫鶴皋兄來訪，言下星期二將歸滬矣。談滬上近況及其對於時局與經濟之見解，余勸其以暇時為滬人宣揚正義。留共午飯後，再談一小時而去。午後小睡起，讀七弟來書，又接楊雲竹君來函，均言外交事。傍晚天色稍霽，涼意侵人。夜讀哲學史，十一時始寢。

8月31日　星期日　陰晴　七十二度

七時五十分起。昨晚睡亦尚酣，只是多夢而已。近來凡服適量之安眠藥，則睡眠即安暢，然睡足六小時必醒，既醒則不復再能熟睡矣。人謂五十以後睡六小時亦足，余之經驗殊不然也。上午把筆欲撰某文，以三小時之力，僅寫成一半，覺文境極蕪下無可取，乃遂置之。今日清晨牯嶺街即盛傳委座將來山，民眾頗感興奮，記者群亦忙碌，余得訊乃在九時以後，私謂溽暑繁勞之身，亦固宜有一段休憩時間也。午餐後倦甚欲眠，委座及夫人以一時上山，遂不及往迎。二時卅分小睡起，乃往官邸修謁，值休息，遂至十四號訪濟時局長、宏濤、聖芬兩秘書，石祖德、施覺民、夏功權亦同來，適王方舟主席亦在彼處，圍座談話，至五時後始歸。諸君皆謂，余顏色較在京時健好也。七時委座臨存於寓，余與余婦出見，勞問有加，其容色甚愉快。夫人亦上山，余往視之，方指揮園丁樹藝，略談即出。接西亞、四弟各一函，四弟讀余贈杜君序，以為文格峻整不俗。又接叔眉兄函，憐兒及永熙甥函，永熙字體端正，初通信不免有拘謹態，從結婚照中見行禮時之大概。夜閱報閒談。十一時寢。

9月1日　星期一　陰、夜微雨　七十二度

八時起。昨晚睡眠較佳，寫寄滬友函札三、四緘，讀三日來之滬報。十時卅分往鶴兄家話別，以彼家諸人今日將下山也。鶴兄為余談攝生葆養之道，談約一小時。靖安、宏濤、聖芬諸人適來訪，余即在孫宅敘談。十二時歸寓午餐，餐畢小睡。天氣轉為悶熱，至三時始起。覆璉女一函。胥醫再來打針。今日為山中注射第二十一次矣。天陰欲雨，遂未出門，在寓讀書。夜赴方舟主席之宴，到濟時、祖德等七人，飲白蘭地三杯，歸來頗有醉意。十時就寢。

9月2日　星期二　陰晴　七十六度

昨晚因酒醉未服藥，睡至三時許即醒，不能復入睡，自是朦朧直至天明，七時五十分起，猶甚感疲憊也。致袁甥永熙一函，與昨致璉兒函一併寄出。閱報及雜誌自遣。突然間胡靖安君又來訪，談近來無事極侘傺無聊，自陳性情，囑余為轉白於主席。胡君去後，李立侯君又來談黨團合併事，約一小時而去。腦中乃又充滿複雜之問題矣。午後四時與允默往謁蔣夫人，余並入見主席。王方舟君在座，六時卅分歸。到正街散步。七時卅分蔣夫人來訪，夜接明、樂等函。十時卅分寢。

9月3日　星期三　晴　七十八度

七時五十分起。聞鐵城、立夫諸君明日即將上山，會商黨團統一組織事。余既在山上，當不能不參與。以腦筋如此疲緐枯竭，而與聞此種複雜重大之事，實於公私兩無裨益也。此行原欲恢復體力腦力，使下山後仍可勉強作事，由近日情形觀之（擬將兩篇應酬文字寫成，但發心已兩星期，終於一字無成也），恐此次休養又為徒勞矣。陳肇英先生（楊興勤同來）來訪，談所見地方黨務與政治，約一小時餘而別。午後小睡，天氣轉為酷熱，只能在寓閒談。六時卅分偕默游松樹林、河南路，八時一刻歸。十時就寢。

9 月 4 日　星期四　晴　七十六度

七時五十分起。昨睡甚佳，今日精神較為怡爽。九時卅分到社會服務處理髮，遇吳仕漢局長，與之略談。並散步片刻而歸。覆楊玉清君函，文滸、滄波各一函，又寄西亞、貞柯、志誠各一函（憐兒、永熙之信亦今日始寄出）。午餐後熱甚，小睡一小時許，未成眠。蓋睡眠已足也。閱蒲立德所著「如此世界」一書，論蘇聯與世界安全之關係，徵引甚豐富，此書由伍立書君譯為中文，譯筆甚流利，閱之不吃力。傍晚七時循脂紅路游中路而歸。途遇正鼎、彥棻兩君，夜宏濤、公權、聖芬來訪。十一時卅分寢。

9 月 5 日　星期五　陰、多霧　六十八度

八時十分起。今日天氣驟陰雨多風霧，室內溫度降至六十六度以下，秋意漸深矣。致七弟長函一緘，告國內近情及家人狀況，並託其代購藥品。致芷町兄一函，託代題申報紀念號專刊。余此三日來體力似已開始好轉，腦筋亦絕對休息，不涉他念。若非京中開會，實可再住半月也。午餐後天時又轉晴熱，但仍多霧。李立侯兄兩次過訪，談江西省政及其在民政廳任內之心得，兼及黨團統一組織等各事。今日閱「如此世界」完畢。夜十一時寢。

9月6日　星期六　陰、下午雨　六十六度

八時起。昨晚睡眠極佳，惟仍多夢耳。上午整理函札雜件，將無足留存者棄置之。閱滬上寄來報紙，深感申報內容純駁互見，而自由談之水準太差，收稿極雜，春秋則單調枯燥，非改進作風不可也。十時余天問（型報）、馬希珍（武漢日報）、陳正蟾（廬山報）、呂亮利（蘧孫之族子，在廬山報主副刊）與張世傑連袂過訪，談新聞紙經營與編輯問題，賓主各抒所見，談約二小時而去。午餐後小睡未熟。下午閱革命文獻叢刊。夜七時半到五十八號，偕官邸諸同人宴王主席。十時歸，十一時卅分寢。

9月7日　星期日　陰雨　六十五度

八時起。濃霧瀰漫山谷間，五尺外不辨人面，如是者竟日不散。間下陣雨，至下午五時後則下雨不止矣。今日余精神尚佳，但不耐驟寒，加棉花衫始暖。宏濤、聖芬來話別，知委座明日將回京矣。午餐後小睡極深，至四時始起。熊醫來打THEX 針（今日為第五針）。記者劉藻（申報）、萬人俊（華光）、周告（青年報）三人來訪。旋張劍鋒來訪，知自廣西罷官歸矣。王、孫、袁三編纂來談，明日下山。八時偕允默應約到官邸晚餐，十時十分歸。十一時寢。

9 月 8 日　星期一　陰雨　六十度

八時十分起。霧氣仍濃，下雨不止。陰濕之氣使骨節酸痛之恙又作，精神不能怡暢，惟終日蟄居讀書，心境殊寧謐耳。委座及夫人以九時五十分冒雨下山，其辛勞可念。同行諸人更為辛苦。余以天雨未及往送。宇高、兆梅、孟純三人亦於正午十二時下山，由潯搭輪返京矣。章子琨君送來江西土產兩種，命其子益修來牯修候。余適午睡，省吾代見之。午後潮氣更甚，在壁爐生火取煖，一小時後乃覺空氣乾燥。袁廣陛兄來話別。夜讀西洋哲學史。十一時寢。

9 月 9 日　星期二　陰　六十四度

七時五十分起。連日服藥適量，而中宵屢醒，兩足酸痛，若無處安放也者。蓋不勝潮氣之侵襲也。今日雨已止，而大霧未全散，盤旋飛揚於山谷間，五丈以外，即不能辨物，悶坐在家，甚感無聊。閱申報、新聞報及雜誌兩種，藉以消遣而已。胥醫師再來打針，仍用THEX 注射。接四弟來函，涯民兄函，又接文兒、綽兒兩侄來函。

午餐後睡甚久而多夢，起讀西洋哲學史。六時偕默游醫生窪，遇鄧君直。循河南路歸，在小橋邊遇蕭叔絅君，略談歸。夜讀書，十一時卅分寢。

9月10日　星期三　陰　六十四度

八時五十分始起。昨夜仍患骨痛，睡眠不佳。今晨感覺乏力異常，精神亦不如昨日之舒適也。閱九江報載，四中全會昨日開會情形，意料此次合併整理之結果，又必費許多之爭持與困難，而且結果必不易澈底，殊為本黨與革命前途悲之。胥醫仍來打針。午餐後小睡，為時甚短即醒。筋骨痛頭痛迭作，服凡拉蒙二丸乃稍癒。午後為姪兒輩題兒童生活漫畫。天色不開霽，未出行，在寓讀哲學史。夜閒談，十一時寢。

9月11日　星期四　陰晴　六十五度

八時五十分起。今日心緒寧謐，精神尚佳。上午撰贈孫君序一首，為鶴皋兄六十生辰用。文殊不佳，尚能達意，至十二時卅分完成。胥醫來打針。午餐後小睡一小時起，續撰抹雲樓家言序一篇。抹雲樓家言者，秦潤卿君聚集其訓子若孫之格言，將印行之以為青年立身之典則也。一月間託余為序言，乃遷延至今始克成之。余之失信亦甚矣。六時卅分天日清明而有小雨，雨止後偕默游脂紅路中路，至吼虎嶺，尋小徑下河東路歸。得四弟九日來書。夜閱中央日報。十一時寢。

9 月 12 日　星期五　陰晴　六十八度

七時五十分起。山中清寂，行將歸矣，巡視舍外畦圃，彌深依戀。彭清來辭行，作函寄祖望、君章託其攜致之。僕人嚴尚友隨余已五年，今以收入不足贍家，將改就他業。此人忠實樸愿，意頗惜之，然不能強留也。蕭叔炯君來訪，談風俗與時政，感慨極深。此君不脫書生本色，作官十二年，久於所事，亦彌難得。嚴有均君來話別，允默代見之。午餐後小睡未熟，患喉腫。五時後偕默出游，由河西路上醫生窪，訪鄧君直未遇。繼過芷町夫人處小坐。下大林路、游花徑覽景白亭、看雲亭而歸。行二小時餘，覺甚疲。夜十時卅分寢。

9 月 13 日　星期六　陰雨　七十度

七時五十分起。作函二緘，題字八幀，貽胥醫師蘗蓀（今日注射THEX 完畢，彼明日下山矣）一幅，何雨馨兄及農行同人計五幅，江芸如同鄉一幅，又省吾亦索書，寫陸務觀詩一幀送之。余不能寫字，而索者紛至，殊無以應也。鄧君直兄十時一刻來訪，談在蜀舊事，論政俗得失，頗有平實見到之語，談一小時餘始去。此君患血壓高，在山休養已年餘矣。午後大雨三陣，至晚未止。整理物件，接滬函二緘。剪貼七、八月份之報紙材料，至十一時卅分寢。

9月14日　星期日　晴　七十二度

七時卅分起。連日氣候已如高秋，精神怡暢，頗戀山居之樂。聞四明輪須明日到潯，亦不亟亟於收拾行具也。上午剪集八月下半月份之報紙材料，再為人題字二幀。招匡廬照相館主人來脂紅路寓，為余與允默攝影。旋又至河東路擇樹石幽勝處再攝一影。偕默參觀十二號園圃而後歸寓。午餐後小睡，僅五十分鐘即醒。繼續剪集九月份（十二日止）之報紙材料。傍晚風甚大，與默出游柏林路，循河西路歸寓。夜十時十分寢。

9月15日　星期一　晴　七十二度

七時卅分起。今日天氣清朗，長空一碧，空氣澄鮮，山中氣候儼如九秋時節矣。聞四明輪仍未到潯，一說明日可到。余來山將近兩月，決於日內搭輪回京矣。上午致余天問君（型報發行人）一函，又寄西亞、公展等一函，商申報內容之改善，並寄良英一函。午餐時食牛肉湯及蕃茄，甚甘美。此次在山，允默為余主持飲食方面，簡單而富于營養，較之在京時浪費無益不同。然山居兩個月，連旅費在內，所費當亦在六、七百萬之間，則他人更可想而知也。允默為余貼存簡報材料。午餐後小睡至三時起。續將九月上半月之材料貼存之。至六時卅分稍作休息。京中寄來中央日報，閱悉四中全會開會情形，凡開會五日，議決：

（一）中央黨團部統一組織辦法；

（二）當前本黨組織綱領雖未完備，尚屬妥當。

宣言亦概括堂皇，首尾七百餘字，能將集中力量負荷建國使命之要旨，顯豁呈達。嗣接滄波函，知為志希初稿，亦佳構也。常委經擴充為五十五人，此後當從疏導隔閡上致力。八時晚餐畢，申報寄來最近七日之報紙，閱報至十時卅分寢。

9 月 16 日　星期二　陰、大霧　六十八度

七時二十五分起。大霧瀰漫，較初旬更甚。山中之霧，非有大雨，則常凝集不散也。上午無事，檢閱昨日寄來之申報，將一星期來之資料再彙擇而剪貼之。於是此次四中全會之經過，乃可知其脈絡，不啻親臨其境矣。午餐後小睡至二時起。聞九江電話，四明輪午後到潯，於是決定明日下山。整理書籍文件，約二時許始畢事。覆皮宗敢、蕭自誠兩君各一函，覆涯民兄函，又覆董三函。晚餐時霧氣益濃，與默夜坐閒話，情景清絕。十一時就寢。

9 月 17 日　星期三　晴　七十二度

八時起。今日決定離牯，自七月十七日由滬來山，已住山中兩月矣。吳仕漢局長來談，江芸如管理員亦來照料。十一時午餐，餐畢偕允默攜省吾等諸人乘輿下山。十二時卅分抵蓮花洞，吳局長、湯道梓君同行，即乘農行汽車至九江農行休息。允默等出外購買磁器，余在何雨馨兄寓小睡，三時卅分起。約同邑友人忞泰治醫生來談話，泰治吾鄉鳴鶴場人，故友頡剛之弟也。與何雨馨君談甚久。今日潯市人心頗形不安，以鄂東之匪擾黃梅境之故。七時晚餐，餐畢，黎勉亭君來談，八時登奉化公司之四明輪東下。十時卅五分寢。

9月18日　星期四　晴

昨晚睡殊未熟，四明輪以晨五時許開行，鄰室兒啼喧囂，殊妨礙睡眠，七時即起。盥洗進食後，中央日報記者張世傑及新民報唐君來談。徐世樾世兄來談。又內政部特派員何昌榮君來談。客去後，在甲板上閒眺，彌望平野，心胸開曠。十二時五十分舟過安慶，以裝貨停駐江心，約四小時始繼續航行。在舟中拍電報，告知京寓。同舟有德國醫生馬耀伯（Ailbert Marek）為余診疾，斷為胃擴張，左側向下垂去。晚餐後芷町夫人來談話。十時卅五分就寢。

9月19日　星期五　晴　八十二度

清晨五時船到下關，為停船聲驚醒，六時十五分即起。七時船靠岸，祖望、君章、實之、聖章來迎。七時五十分返湖南路寓，四弟在余寓，方起床也。住牯嶺二月，不覺居處之高朗明潔，回舊寓乃始覺山居佳勝多矣。四弟為約兒侄之就學問題甚感煩悶。積明函來，不願入浙大，堅請入清華學物理，余不欲拂其意，以長途電話致滬寓允可之。唯果來談全會事。午餐後小睡多夢，甚感疲勞。芷町來談甚久。佛性、述庭相繼來談。晚餐後希聖來訪，談時局。十時卅分學素來談。十一時卅分寢。

9 月 20 日　星期六　晴　八十四度

七時五十分起。昨睡尚佳，但晨醒太早。京市天氣仍極燠熱，初易環境，頗感不慣。馮伯準世兄今晨來訪，託函介往訪徐學禹君，作函與之。曾資生、李白虹兩君來訪，談三刻鐘去。接良英來函。今日仍請陳廣煜醫官打針。十一時沈昌煥君來訪，談在滬之見聞及魏德邁留華期間接觸情形，談一小時餘而去。今日逕謙五弟夫婦及五妹來寓午餐，以謙五將調任滬行也。飯後與五妹、謙弟談話。三時小睡未熟。星野來訪，曉滄、廉先二學兄相訪。夜與約兒侄及四弟談話，至十二時寢。

9 月 21 日　星期日　晴　八十四度

七時卅分起。回京以後，見客稍多，雜務紛繁，心緒精神至為不寧，而晨醒以後，每日骨痛較劇，亦為一苦痛也。張國淦老先生來訪，談對於戡亂安民，鞏固根本之意見，約一小時餘而去。唯果兄伉儷來訪，勸余繼續休假。其夫人並力主余往杭州再住半個月，心感其意，然不能行也。六弟來京，商九妹婚事。知趙步霞君有相攸之意。八弟亦來午餐，餐畢小睡一小時許。甚熱，閱函札一疊。四時呼水洗澡。芷町來談甚久。六弟來晚餐，餐畢與之談家事、報館事。為積明作書函。十一時寢。

9月22日　星期一　晴　八十三度

七時卅分起。今日天氣稍轉涼，但下午仍悶熱。余來京以後，精神仍未恢復。上午作函二緘，致良英及樂兒。覺手腕又有震顫酸痛，且為僕役之事，不快於心，致不能集中心思作事。僅瀏覽報紙而已。午餐後與祖望談話後，小睡二小時許起。金誦盤醫師來談選舉事。桂崇基君來訪，未接晤。傍晚程天放君來談去國十個月後之觀感，約一小時而去。接樂兒來函、滬上諸侄來函。晚餐後與默閒談。唯果兄來談甚久。十時卅分寢。

9月23日　星期二　晴　八十六度

八時十分起昨晚睡眠充足，今晨精神較好，以書面報告蔣公，擬下月一日正式銷假。並為張乾若先生請定期約見。作函二緘，分致井塘、正綱，為逑庭、誦盤競選事也。近日各地以選舉事相託者甚多，余只能擇最熟悉者為之轉言。周配義（稼莊）老同學來訪，託介紹於佐庭。吳壁存兄來託，為黃安吳氏宗譜題序。午餐後小睡一小時餘起。與祖望談寓中各事。張文白兄過訪，談邊務及黨政，約一小時去。夜毓麟夫婦來訪。食哈密瓜。十一時寢。

9月24日　星期三　晴、夜雨　八十八度

七時三刻起。今日上午中央政治會議及中常會臨時會均請假未出席。嗣知常會僅通過青年部副長及理論委會副主委人選，然理委會不屬葉而屬倪，則可異也。周配義君又來談，為作函致佐庭。向午洪瑞釗兄來見，為選舉事託余轉達，余不欲過問選務，直言謝絕之，然洪君必大感失望也。午餐後小睡，又繫念公私，心緊不寐。起床後讀書，又苦悶熱難忍。偕默出外，至北平路錢塘路散步。夜唐乃建兄過訪，談約一小時去。十時洗澡，十一時寢。

9 月 25 日　星期四　陰　八十七度

八時一刻起。今日氣候轉陰，余筋骨酸痛加劇。近來常不能久坐，到京以後更見疲勞，起居作息多不習慣，悵悶無以復加矣。寫寄滄波一信，又寄細兒函。閱報及參考消息。中午鮑爾漢、伊敏諸君來訪，閽者以病辭之，余下樓，則客已行矣。午餐時學素來談，強坐與之酬對，不覺達二小時。疲甚小睡，又不熟。自此頭痛欲裂。六弟自滬來，旋祖望來，言九妹婚事已諧。趙君步霞擬十一月間舉行婚禮。五時鐵公來訪，談黨團統一及選舉各事。希聖來談宣傳及文化事，甚久而去。今日孫公館會談，請假未赴會。夜患頸項作痛頗烈。六弟今夜去滬。孟海、實之來長談。十一時就寢。

9 月 26 日　星期五　晴　八十九度

八時十分起。閱函件十餘件。十時到國府出席國務會議，到委員十八人，與居、張、于、孫諸先生寒暄，均謂余顏色較兩個月前豐腴矣。討論選舉案五起，關於銓敘任用法案一起，又決議限制追加預算辦法一件。十二時卅分散會，謁主席，面陳將赴滬一行。旋即歸寓午餐。餐畢處理函件，並繳解黨員特別捐。小睡至二時即起。五妹來寓談九妹結婚準備事，兼及四弟之家庭經濟。述庭來訪，允默代見之。策縱攜來主席講詞三件，即為校讀，至八時始畢。力子夫婦來談。十一時乘車赴滬。十二時寢。

9月27日　星期六　晴　九十二度

七時車過南翔，為茶役喚醒即起（昨晚熱甚，睡不足五小時也）。八時到北站，六弟以車來迎，同歸惇信路三二〇弄十號寓所，談九妹遣嫁事及滬新聞界近事。九時卅分往邁爾西愛路訪杜君，值外出未遇，遂返寓。兩個月不到滬上，覺滬寓明淨可愛，但天熱殊甚。與皚兒談話。午餐後小睡一小時。秋陽來訪，談四明諸友近狀。八妹挈子嫺甥女來談。五時卅分杜君月笙來訪，談申、新兩報合作辦法，六時去。食蒸栗甚美。八妹貽余月餅。夜六弟婦、九妹及迪侄、通侄、福清來訪。十二時寢。

9月28日　星期日　晴　八十六度

昨晚睡不甚佳，以太熱，中宵屢醒，今晨睡至八時卅分始起。一年容易，明日又是中秋。諸兒除細兒、皓兒、皚兒在京滬外，散處南北，不能團聚，甚念之也。九時卅分志成弟來訪，知其近來境遇稍佳，心境亦較安詳。旋程滄波兄來訪，談紙張節約及申、新兩報合作之重要。滄波縷述新聞報之業務及內部人事困難，余對新聞報常董會對中央久缺報告，認為缺憾，但不欲明言耳。鶴皋兄來談回奉經過及吾郡各縣治安情形。呂曉光兄來訪。十二時卅分到邁爾西愛路應公展、月笙之約午餐。到景韓、訓悆、詠賡、堯卿、顯庭、西亞諸人，對申報業務各抒所見，結論注重於改進自身和協外部，而如何與新聞報合作，亦加以討論，前後談話三小時，二時卅分歸。三時往訪新之於範園，未相值，遂返。錢大鈞君來訪。翁宅諸甥來談。建極、建中兩侄來訪。建中長大成人，入工業職校，曉梅兄可謂有後矣。君默及細兒亦來訪，君默健康較勝于前。五時葉秋原、儲玉坤、君豪、啟煦、少夫等來余寓，展兄、悆弟亦來，詳論編輯言論之改進。七時卅分到六弟家晚餐。九時卅分歸。十一時寢。

9 月 29 日　星期一　陰　七十二度

七時三刻起。九時詹文滸君來訪，談新聞報內務及上海報館十家聯合請願實施節省篇幅之內幕及背景。談話未畢，錢新之君來訪，談新聞報及申報業務，對滄波多所恕諒，對公展頗有微詞，余切陳兩報協力合作之必要，十一時始別去。今日中秋，西亞來賀節，午餐後略談而去。午睡一小時，祖銘甥及福子甥女來訪。啟煦攜眷來訪，叔受侄及辟塵來談，沈賢成君同來，談慈谿家鄉情形，六時去。夜略備肴饌，約志飛、志騫、蕙蘭等晚餐。天陰無月可賞，不無黯然之感。十一時寢。

9月30日　星期二　陰晴　六十八度

七時三刻起。九時十五分俞佐庭君來談四明銀行改組後之業務情形，約半小時去。十時善卿姪女攜其婿積祚來談。積祚經營工商業，少年得志，驕而且俗，以余婦外出未歸，不得不強與周旋，對其多言自傲與自私，頗以正言規戒之，然其人受病已深，無可救藥也。午餐時略飲酒，睡眠甚適。啟煦來寓，對編輯新聞事有所請益，並為余在庭中攝影。季剛及學純來談。秉琳、貞柯二君來訪。叔眉亦來談效實學校及吾郡治安諸事。四明秘書孫宜生來訪。傍晚佐卿來。六弟來談，十時去。十一時寢。

10月1日　星期三　晴　六十八度

八時十分起。錢慕尹君貽余篆書楹貼一聯，其書法殊可喜。九時卅分善元內地來訪，一別十四年矣，與談三叔舅遺事及葬祭情形。王量伯弟亦同來，談四十分鐘去。滄波來訪，談報館事。錢君等均留余多住二日，便可詳商，余諾之。鶴皋兩度來訪，談吾甬水利修築事。午餐後小睡，允默等外出訪友，至四時始歸。余在寓閱志成送來師友遺札零墨，甚深懷舊之思。良英甥來談家事及商市情形。夜秋陽來訪。十二時寢。

10月2日　星期四　晴　六十八度

八時十五分起。為季女之事，終不免悒悒於心。夫骨肉之間，誰能忘情，彼少年人自不能知耳。俞國成兄伉儷自津回鄉，順道來訪，與談卅分鐘。上午研究申、新兩報之編輯業務。午餐後叔眉、仲肩、威博來商效實事，余適午睡，余婦代見之。明日即將去京，不及與之詳商也。今日精神尚健爽，修改抹雲樓家言序，並複閱應酬文字一件。六時到范園，應錢君新之約晚餐，景韓、公展、月笙、滄波、訓悆、文湝均到，互談兩報協作之道，意見極融洽。飲酒兩杯，不覺醺醉。十一時回寓，即寢。

10月3日　星期五　七十三度

昨晚以酒醉，未服安眠藥，故僅睡五小時而已。八時十分起。來滬已五日，決定今日午車回京，遂料理函札，結束雜件，將前撰之「贈孫君天孫序」修改而完成之。君章來訪。允默等今日外出，託其寄潤卿先生一函。六弟、九妹來談一小時。西亞來談，旋秋陽亦來送行。午餐後一時十分到北站，大來諸君到站相送。一時卅分開車，君章亦同車去京。車中閱北方報紙，讀雜誌，章行嚴論吏治，文極佳。過鎮江時天色已暝。八時二十分到下關，即回京寓。皓兒患瀉疾未已，在寓休養。略閱函件，十一時就寢。

10月4日　星期六　雨　六十八度

七時五十分起。昨晚睡眠酣至，但仍早醒，骨痛為苦。早餐畢，函呈主席報告銷假，另有簽呈一件，並致宏濤一函。旋知主席今日將出行，遂亦不往謁。楊玉清君來訪，談三民主義半月刊事。延陳醫來打針。希聖來談，今年雙十節仍當有文告，宜早為準備，並及京中近情，與民盟動向，談至十二時去。午餐後閱鄞縣志略。睡一小時許。接皋卅日函，即覆之。芷町來談甚久。旋佛觀來談，以為宜注意陝鄂皖之行政。立夫來談近事。七時卅分到中央日報出席常董會。十時歸，四弟來談。十二時寢。

10月5日　星期日　陰　六十七度

八時十五分始起。閱鄞縣通志人物編抽印本，與四弟談話。十時顧一樵、李熙謀兩君來訪，談教育界情形及政治大學事。俞飛鵬君來訪，談四明銀行事。八弟及佐卿內侄來，佐卿攜來允默一函，即覆之，仍託其帶去。五妹攜約兒侄及甥女來訪。午餐後與五妹談九妹婚事準備事項。小睡一小時餘起，閱報紙及參考消息等。五時與四弟、五妹等外出，到雪園吃點心。約兒、郁文同去。旋即至五妹寓內小坐而歸。夜與皓兒談話。芷町來詳談。十二時就寢。

10 月 6 日　星期一　晴　六十八度

八時起。昨夜睡尚佳，近十日來腸胃之疾亦全癒矣。今日精神頗安恬（紀念週及下午黨團統一組織，余未出席）。整海上各報與申報對比之，殊覺申報在編輯上與內容上不及他報之處太多，即以評論而言，亦不及大公、東南諸家遠甚矣。六弟赴美回來以後，當力促其改進焉。午餐後小睡亦酣，寄默一函。閱謝幼偉君之哲學論評，此君文言說理暢達。又閱讀雜誌論文十餘首。玉清所編之刊物亦有進步可喜。傍晚毛人鳳君偕何芝園君來訪，為江山縣選舉事。夜寂寥無俚，孟海來談甚久。十一時卅分寢。

10 月 7 日　星期二　陰晴　六十九度

八時十五分起。今日本擬赴近郊游覽，藉以開拓心胸，然上午賓客紛來，皆為選舉問題有所陳述，而余實無能為力，殊覺敗興不淺也。午餐後小睡至三時許起。接皋兒來函，對憐事觀察隔膜，要求余速為設法。其實余正在調查實際情形，如其情節輕微，無須著急，否則以余之立場，亦無法過問其事，念之殊為悶悶。在寓無聊甚，取二週來之參考件盡閱而排比之。夜四弟來寓談家事及教育學術。十二時始寢。

10月8日　星期三　陰雨　六十九度

八時十五分起。發寄皋兒一函，語焉不詳，未知其能領會我意否。九時到中央黨部，出席政治會議，同人等多兩月不見，紛趨問候，幾於應接不暇，友情可感。今日會議由哲生主席，交通報告內容極詳實；又魏道明報告台灣行政設施，各委員起而發表意見者六、七人，費時甚久。討論議案後，接開臨時常會，通過黨員登記辦法，一時散會歸午餐。餐畢小睡至四時起。陳醫來打針。孫義宣兄來訪。周叔湘君來訪，談一小時去。校改雙十節廣播詞稿（希聖擬稿）時促神疲，殊覺草草。十二時就寢。

10月9日　星期四　晴　七十二度

六時即醒，仍感疲倦，再睡至八時起。省吾已將雙十告國民書繕清，再加細閱，去其冗複之語，又將顯光所擬之一稿訂正其訛誤。顯光此稿係英文起草，全不合本國文字語氣，亦頗有失身分之處，乃更為修改之。十一時工作完畢。胡秋原君來談，察其語言，意態消極甚矣。午八弟來，餐畢與四、八弟談話。今日牙痛殊甚，右上顎起豆大之癰塊，痛楚異常。五時主席自平歸京，奉約往見，交下文稿，命再整理，將社會風氣一段重寫。歸寓修改，至九時卅分完稿。即交曹聖芬君送中央社發表。十時後補閱今日之報紙及雜誌，至十二時始寢。

10 月 10 日　星期五　晴　七十度

七時五十分起。今日齒痛稍癒，值國慶佳節，天氣晴佳，精神為之爽進。早餐後，閱讀報紙增刊，內容雖富，無特出之作。九時五十分到國府，十時參加慶祝典禮。主席親臨主持，分析國內軍事、經濟局勢，勗勉同人勤苦努力，自立自強，致詞約四十分鐘而畢。十一時十五分回寓，午餐後與皓兒談話。小睡約二小時起。羅佩秋、仲肇湘兩君來訪，羅君健談甚，余為所詰引，亦不免多言。六時亮疇來訪，談時局。夜約聖芬來，整理演詞發表。芷町來談甚久。十二時寢。

10 月 11 日　星期六　晴　六十九度

八時四十分始起。齒痛未痊癒，只能啜粥。精神稍不振，然尚無大患。上午仍請陳醫來打針。任卓宣君來談剿匪軍事匪我之對比，兼及文化運動之重要。彼擬全力從事於此，提出甚多之意見相質詢，余為析其疑難，而加以鼓勵。蓋其人才華可愛，思納之於正當精進之境也。談話不覺甚久，十一時許始去。午餐後與祖望接洽九妹婚事之準備。為效實事致貞柯函，不免多感慨語。二時卅分小睡，至五時許始起。唯果來談。佛觀贈刊物一冊。夜希聖來談時局形勢。十二時寢。

10月12日　星期日　晴　六十九度

八時起。閱本日各報登蒲立德一文，議論警闢，視外人一般之觀察不同矣。然我方遽予官方評論，似可不必。九時卅分騮先來談教育前途。旋甘自明秘書長來談，約一小時許去。陳醫再來打針。余牙痛已五日，今日尚未癒。十一時鄧鶴九、秦振夫兩君來訪，談行政院秘書處業務及經濟委員會情形。十二時客去，稍作休息。午餐後小睡至四時許起。整理積件，寄樂兒一函，又覆劉光炎兄一函。為四明董事會事今夜去滬。八時八弟來談，十時卅分到下關，上臥車與閩人華僑羅、吳兩人同室。十二時寢。

10月13日　星期一　晴　七十度

七時車過南翔即起。八時到滬，秋陽、祖望來迎，遂與秋陽同車返惇信路寓所。允默傷風略癒，旦姨身體較前康健。談房屋事，似彼兩人皆不喜移居，亦只得暫緩進行。祖望來談，一小時餘去。柳復三表弟及永縉弟來訪，談謀業之難。今日為先妣誕辰，與允默到白賽仲路拜祭。與九妹略談歸。九妹今日頗鬱鬱。十二時五十分午餐，貞柯來談效實事。二時鶴皋兄偕孫宜生來訪。三時到四明銀行參加董事會，潤卿、苓西、鴻生、叔明均到，至七時始散會。八時晚餐，與細兒談話，並與家人談憐兒事。十二時寢。

10 月 14 日　星期二　晴　七十度

八時十五分起。閱本日各報畢，秋陽來談滬市情形及滬寓諸事。十時卅分約九妹來談。九妹昨鬱鬱不懽，自是少女臨嫁時應有現象，今日與之詳談，亦不知其抑鬱之所以然。但謂父母早故，觸動悲緒而已。留與午餐，盡量安慰之。小睡起後，又與之繼續接洽婚事之準備。四時卅分福清侄偕懷頤、懷德小兄弟來訪，棣棣姪亦來，余最愛小孩，與之嘻笑久之。鶴兄、伯準來訪，葉啟宇兄來談房屋事。旋良英甥來訪，八妹、子嫺甥及四弟同來。晚餐後驩談至十時後去。俞欽侄來訪。不晤多時，談話甚久。十二時寢。

10 月 15 日　星期三　晴　六十九度

今晨睡至九時始起。作函札二緘，與允默商量家計甚久。物價在最近十日激劇上漲，已達一倍以上，我家情形如此，至為可慮。而四弟之拮据更可念也。對於九妹婚事籌備諸事，只得俟六弟歸來再為籌畫進行。上午整理物件，十二時一刻秋陽來寓，十二時三刻午餐後即至北站，乘一時卅分車回京。孫、馮到站來送行。三時卅分過蘇州，七時一刻過鎮江，八時二十分到下關，與君章、實之同歸湖南路寓。晚餐後沈昌煥君來談經濟外交甚久。十一時卅分寢。

10月16日　星期四　晴　七十度

七時五十分起。閱數日內之中央社訊及參考消息，覺世局愈緊，國難日深，真不知用何方法乃能恢復吾黨力量，喚起智識層之覺悟，以脫國家之危機也。聞中央黨部今日召開選舉指導會，此末節而已，況乃不能平貼乎。十二時到官邸，應約午餐，中研院評議員諸君均到，與適之、潤章二人談北平事。餐畢，主席飛青島，余與芷町、唯果二人往訪宏濤與昌煥等，談話甚久。三時卅分歸，遂不午睡。約兒侄來寓，堅不願回杭州。力子夫婦來訪，談甚久。夜與約兒、皓兒談話。十一時寢。

10月17日　星期五　陰晴　六十九度

八時十五分起。閱昨日函件及參考消息等。十時到國府出席第一十三次國務會議，到委員十九人，由孫副主席主報。報告案甚多，討論外匯申請登記及戰前存款償還等案。又決議調整待遇案及有關選舉之三案，並通過財務案等共十五案。一時五十分會畢，歸寓午餐。又閱文件一小時，午睡時間過長，直至五時始起。周楊淑慧來訪。秦潤卿先生攜其子履方來訪，談一小時去。唯果、希聖二兄來談有關宣傳事。張世傑來訪。夜閱書報，至十二時寢。

10月18日　星期六　晴　七十一度

八時卅分起。昨晚入睡太遲，今晨醒時殊覺勉強，然近來游息時多，工作不忙，亦不感疲倦矣。上午閱參考件多件，眼目易於昏花，看新五號字及油印件均覺異常吃力。待蕭同茲君商中央社事，不至。十時卅分滇生兄來訪，談競選立委之事及行政院事，至午始去。午餐後學素來談一小時餘。此君名心太重，語言不慎，甚慮之也。小睡至四時起。王泉笙、鄭曉雲（烈）來談閩省政，約卅分鐘去。夜岳軍院長宴適之、潤章、有訓、貽芳諸君，余與雪屏、一樵等被邀作陪。十時始歸，與皓談話，十二時就寢。

10 月 19 日　星期日　晴　七十二度

七時五十分起。早餐畢後趙述庭兄攜其子煜華來訪。煜華習航空工程，身體結實魁梧，殊為可喜。十時蕭同茲君來訪，商中央社之前途，余頗主國營，蕭君留件囑研究。旋於憑遠兄來訪，談浙省治安及彼自身在國防部之工作。兼規余注重平時衛生，最好戒少安眠藥劑量。午餐畢小睡極沉酣，直至四時許始起。接默來函、四弟及明兒各一函。五時偕君章出游郊外，靈谷寺楓葉已丹，殘桂猶馥，游賞久之而歸。晚餐與君章及皓兒食螃蟹。夜芷町來談頗久。十二時寢。

10 月 20 日　星期一　陰晴　七十二度

七時五十分起。今日中央紀念週，由吳挹峯報告工作競賽工作，余以事未參加。九時五十分往中央研究院訪胡適之君，談政治、文化、教育及北平近事，兼及璉女情形，詳談約二小時許。適田培林次長來，乃辭歸。約兒侄由翁宅來寓，同進午餐，餐畢與之談話。二時後午睡約一小時起，復與約侄談文字。四時陳醫來打針。五時張彝鼎兄來訪，謂將就國防部新聞局事，甚欣得人。包惠僧、張世傑來訪，均未接見。與君章談刊物及社論作法。夜整理舊日文件。十一時寢。

10 月 21 日　星期二　陰雨　七十度

八時十分起。報載主席已自煙台回北平，即將轉滬來京矣。閱參考消息等件。十時望弟自寓來（去滬十餘日昨日始歸），談滬上諸事。九妹亦同來，與談婚事準備諸事，並及家事。今日九妹頗能傾臆而談，不似向來之沉默。我又告以今後處世接物之道，談話甚久。十二時志希來訪，留與午餐，餐畢留談一小時許。客去後，午睡一小時餘乃起。閱雜誌數種，覆允默一函。六時卅分到五妹家晚餐，步霞兄亦在座，實之、八弟均來共餐，談笑驩洽，至十時卅分始歸寓。十一時卅分寢。

10 月 22 日　星期三　陰　七十一度　重陽

八時十分起。昨服藥不夠量，睡眠不佳。九時出席中央政治會議，與道藩談話甚久。今日會議由哲生先生主席，到者不甚踴躍，惟報告事情頗詳盡。通過丁惟汾、黃紹竑為府委，又決議人事案六案。與達詮洽事，十二時散會歸。今日重陽，右任先生約登高，余謝未往也。午餐後小睡起，閱參考消息及各報論評。聞經國上午來訪，即往訪勵志社，未晤而歸。卜少夫君來訪，詢申報版面改進之意見。接默來函，又接荷君函。夜讀馬湛翁著錄。與君章談。十一時卅分寢。

10月23日　星期四　晴　七十度

八時起。近一週來枯寂煩悶之心象又似回復將去牯嶺時之情形，獨處斗室，憚於詣人。聞選舉聲中之爭競擾攘，又甚感不耐，故昨今兩日之中常會均缺席未到。而應辦未辦之公私接洽事務，則牽延擱置，不能速辦。此殆為惰性使然，亦大半由於精神不濟之所致也。寓中佐助諸人不能應手，多分心旁騖，此一小環境已足使余悵惘；以私事言之，則璉事、皓在交通部不安事及九妹婚事，均令人操心；以個人事務言之，則滬、京兩寓房屋無定局，私人經濟亦大費籌畫；以公益公務言之，則效實事、文化服務社事、申、新兩報改進事、半月刊安排事、中央日報、中央通訊社事均待決定推進；而大局之混亂，浙事之兀臬，余又毫無貢獻，故生活愈孤寂，而心理愈繁雜也。今惟有耐心整理，澄慮養心，俾精神恢復正常耳。午前林佛性君來談浙事。中午謙五內弟到京來訪，談個人出處，至午後二時後始去。小睡覺煩躁不安，只得強起，讀雜誌及各報論文。余天問（型報社長）君來訪，為介紹見馮有真君。約兒侄來，堅邀余到翁家晚餐，殊無意前往，不得不辭之。夜與皓兒談話，無聊甚，讀商報時代舊作。十一時半就寢。

10 月 24 日　星期五　晴、下午陰　六十四度

八時起。上午閱連日參考消息及參考文件，費時約二小時。又致貞柯函、叔明函、作人函。致梁均默商三民主義半月刊改隸理論研究會一函，致鶴皋函（說明國民大會代表事）。寫信後，目力為之昏眊，可見不能親筆墨也。午餐後小睡一小時餘起。接叔諒來電，為張藎謀君追悼會，請主席題褒，即商芷町後，以長途電話覆之。又覆允默一函。三時三刻到農民銀行出席常董會，通過議案一百二十件。七時卅分散會，到五妹家晚餐，與九妹談話一小時，十時卅分歸。致叔諒函。十二時寢。

10 月 25 日　星期六　陰　六十二度

八時起。此旬日間睡中常多複雜離奇之夢，神經仍不安寧，此心鬱紆，皆因雜念太多無法自克之故也。擬招允默早日回京。今日以電話詢之，知滬上各事未了，須待星二可來，又為之悵念無已。上午洪瑞釗君來訪，談選舉事甚久，其意不無鬱鬱。客去後，整理文件，閱參考消息及譯件。邇來內外情勢緊張已極，而國內人心大非廿五、六年時可比，至可殷憂耳。午餐後小睡極酣，起理文件，乃覺精神不振。閱歐陽竟無先生遺著。希聖、唯果來談，稍紓積鬱。夜讀書至十一時寢。

10 月 26 日　星期日　陰　六十四度

八時起。今晨食烘山芋，味甚不佳，蓋時令未到也。作函三緘，並將政務局件（復興書院請款件）送去。十時實之來談工作近況及黨部會議情形，良久而去。浙大教授鄭曉滄、蘇步青、李洪培、朱正元為請求配發實物及建築經費事來訪，談四十分鐘而去。午餐後小睡未熟。二時五妹、九妹來訪，九妹於今日三時車去滬。與五妹談家務甚久。五時步霞來訪，商婚禮節目。今日黨部選舉審查會，余以畏煩未出席。詹文滸兄來訪，談報館事。夜致六弟函，閱函件參訊。十二時寢。

10 月 27 日　星期一　晴　六十五度

八時十分起。九時出席中央黨部紀念週，李君佩主席，沈君怡報告南市京政之回顧與前瞻，措詞簡當，而音調響朗，約四十五分鐘畢。與秦德純、洪陸東談話久之而歸。陽光煦麗，心境亦隨之怡暢。接陳之邁君自海外來函，告美國輿論狀況。十一時卅分謙五內弟來談。今日覆樵峯一信。十二時主席約談，鐵城同往，季陶亦適往謁。主席言將出巡，二、三日後歸京。即與季陶辭出，至試院路戴寓午飯，談話至二時卅分始歸。小睡後打針，閱書報，核本月開支。夜孟海來談。公展來長談。十二時寢。

10 月 28 日　星期二　陰晴　六十五度

七時十五分起。九妹婚禮將屆，為整理京、滬、杭三地邀請戚友喜帖之總目，費時二小時許始畢。十時唯果、希聖來談宣傳要點、宣傳部業務及時局。檢討談論甚久。今日為主席六秩又一正壽，偕兩君往官邸致敬意，留片而歸。午餐後小睡起。接皋兒來函，貞柯來函。三時李俊龍兄來談。四時楊玉清君來談半月刊事，良久而去。曉滄、曉峯兩君來訪，談浙大請求配發實物事及孫詒讓先生王海樓遺書捐贈浙大事，七時別去。八時卅分允默自滬來京談家事。至十二時寢。

10 月 29 日　星期三　陰　六十五度

八時十五分起。昨與默談話後，對私人經濟之前途、家庭近事、諸兒事業學業及滬寓房舍等問題均感無妥善解決安排之道。瞻顧大局，又切焦憂，此心鬱結，終無術排遣之也。今日仍遷延不思作事。中央為審查選舉事務，頻開會議，亦殊無心出席。十時卅分梁均默兄過訪，談理論研究委員會事，與三民主義半月刊事，兼及普選問題與黨團作風，談一小時餘始去。午餐後與默談話一小時，小睡至四時卅分起。剪貼報紙所載關於取締民盟之材料。夜致四弟函，覆樵峯函。十一時就寢。

10 月 30 日　星期四　陰晴　六十五度

八時十五分起。今日心緒仍不能寧謐。閱報載民盟解散後之反響，並悉浙大學生有罷課之訊，至足令人慨憤。寄達詮、芷町各一函。午刻約八弟來談九妹婚禮之準備事項。午餐後又與八弟談家事，並約望弟來同商九妹婚禮事。三時後八弟別去，小睡極沉酣，至五時卅分起。擬作郊遊，適以客來中止。發出覆樵峯一函。朱繩先學兄自浙來訪，談一小時許而去。夜審訂修改發帖名單，致六弟一函（明晨發出）。陳雪屏來談青年問題，約二小時。十一時卅分寢。

10 月 31 日　星期五　晴　六十六度

八時十五分起。閱中央日報，知東北戰事艱苦，國軍將士血戰殲匪，其勇銳可敬。而唐保黃師長殉職，尤使人興生才不易之慨也。唯果來談約半小時。十時出席第十四次國務會議，孫科主席。丁先生今日首次出席，王外長報告赴美參加聯合國大會經過及對日和約與中美關係甚詳備。討論議案十餘件。十二時五十分散會，到五妹處，接允默同歸。午餐後與默等談話久之。二時卅分就床小憩，四時始醒。閱今日函件及參考件等。五時五十分事畢，偕默出游玄武湖公園，七時歸寓。夜曉峯、肖棠等來談甚久。十二時寢。

11月1日　星期六　晴　六十五度

七時起（自今日起不適夏令時間，故撥遲一小時，實則與昨日之八時相同也）。覆泉兒一函。閱有關政治、軍事、經濟之各參考件。研究時事，日趨複雜，人心陷入委靡之癥結，竊以為勝利後出版物之為害至大，蓋民族之立貴有中心，此心一失，萬物俱敝也。楊濟民醫師來訪，不見十年矣。曉峯來午餐，與之論教育，乃格格不入，大為可異。午餐後與八弟略談。午睡至二時半起。三時出席農民銀行股東會，聽取報告甚詳，執行選舉。六時會畢，與化之等同至介壽堂敘餐。八時歸寓，閱報至十時卅分寢。

11月2日　星期日　晴　七十二度

七時起。今日天氣轉暖，較旬前高出八度。余晨醒咳嗽之患似已稍輕矣。九妹婚事請柬今日在京、滬、杭、甬同時發出。接六弟來函，又有補充之名單。此次發帖較廣，徇諸弟之意也。十時卅分陳雪屏君來訪，與之談青年問題及學生運動事。陳君見解精密可喜，且甚有計畫。向午熊天翼兄伉儷來訪，午餐後小睡約兩小時許起。閱各報及參考消息與外交部之報告。聞主席今日下午抵京，五時三刻偕默出中山門，至靈谷寺遊覽。遇一小孩，摘紅葉贈之。夜發寄良英、六弟各一函。與允默談話。十一時卅分就寢。

11 月 3 日　星期一　晴　七十二度

七時十分起。九時赴中央黨部參加紀念週。張岳軍先生主席，陳雪屏君報告青年部成立後之工作。十時禮成，偕實之弟同歸寓，談黨部工作。實之日前為撞車略受微傷，今日已癒矣。聞立夫將簽請以余任中政會秘書長，余絕不願擔此職務，乃作一長函，具道其故，並建議政會與國務會之聯繫辦法。午餐後發寄貞柯一函，與允默談家計，甚憂無以為繼。小睡起後，閱參考消息及資料多件。夜四弟自杭來京。溯中來談出版業狀況。毓麟來商工作。九時五十分立夫來長談約二小時。十二時寢。

11 月 4 日　星期二　晴　七十二度

七時十五分起。昨夜患腎病，小便頻急作痛，又兩下肢冬季瘰癧症又發，一夜間連醒六、七次，睡眠極不佳，精神亦大受影響。自八時至十一時，毫無氣力作事，服 S. AM（小）粒二丸，向午始漸漸痊癒。考慮效實中學問題。致玉清一函。覆皋兒一函。又為中政會事再致立夫一函。午餐時與君章談新聞改進及社論作法。一時卅分小睡至三時許起。呼水洗澡後，覺全身爽適，痛癢亦略減。教育部邀約會談，未暇到會也。夜讀書報雜誌。四弟來談家事。十一時卅分寢。

11 月 5 日　星期三　晴　七十三度

七時卅分起。昨夜睡眠仍不佳，因屢為痛癢所擾也。咳嗽亦未已，略有頭痛。九時出席第十四次中政會，與岳軍院長談話甚久。今日由季陶先生主席，討論各種會議發表消息之方式，費時一小時。又初步討論邊務案及建國特捐案，均未有決議。十二時散會歸寓，寄樂兒一函。午餐後小睡一小時許起。接貞柯、鶴皋各一函，又接約、佛、綽三侄各一函。約兒寄我春塾兒戲圖甚有趣。三時偕默參觀陵園菊花展覽會，遇哲生、靜仁、曾琦等，五時卅分歸。閱參訊多件。夜洗澡，十一時寢。

11 月 6 日　星期四　晴　七十七度

七時卅分起。瘰癧之患在昨晚更甚於前日，影響睡眠甚大。今日精神極不佳，但閱報甚詳備，對近日學潮將發之動向，頗為教育界悲之。研究如何從積極方面防止教育危機之道，竊以為今日如中央決心一致步調，一致使教界名宿在國策之下自己料理其問題，則事仍可為也。暇時擬為青年部長道之。向午八弟來談，午餐後又續談新聞採訪等問題，一小時餘而去。三時午睡至五時始起。甚覺酣適。接主席電話，晚飯後到珞珈路訪竺藕舫校長。九時歸，發杭州諸侄一函，十一時寢。

11 月 7 日　星期五　晴　七十七度

七時三刻起。夜眠為瘰癧痛癢及咳嗽所擾，至為困苦。此四、五日來，身體精神亦大受影響也。晨起閱報，頗懷念浙大學生風潮及各地教育秩序，殊覺今日青年指導有內外配合之必要。十時六弟來談赴美經過，攜來七弟及遲兒所寄之藥品。中午時八弟、四弟亦來會，午餐後敘談九妹婚前準備各問題。此次之事，我頗慮其散漫而無重心。下午中央又舉行關於選舉之常會，余未出席。小睡至四時起。陳漢平君來談留美十個月之情形。夜芷町來詳談。接明兒、良英各一函。十二時寢。

11 月 8 日　星期六　陰晴　七十一度

八時十分起。腿部瘰癧之患仍未癒，入夜暖氣侵襲，刺戟皮膚時則痛癢更甚，致睡眠大減，昨夜睡不足六小時，故今日精神甚疲頓。趙述庭君來談司法、考試、監察三院組織法修正點，在立法院審查中之情形。又大學法在中政會審查之情形。余並詢其對博士學位授與法之意見，詳談約一小時餘始去。彭鎮寰君來談贛省選舉情形，為函介於程天放兄。午餐後與皓兒談話，小睡仍患癢症，三時即起。向金誦盤醫師索藥，並託宏濤電國華，告以職務已發表。夜研究學潮消弭辦法。閱論文多篇。十二時寢。

11 月 9 日　星期日　晴　六十九度

八時卅分起。昨晚仍為抑搔所苦，瘰癧之患，妨害睡眠，殊苦無法療治也。上午姚桂卿君來訪，覆友人書數緘。致健之兄一函，備述效實之內外情形及其善後方策。閱報載全國學聯會又隱隱有活躍之意，共黨操縱之下，青年失去理智，不惜犧牲學業，可歎可憂，孰甚于此。午餐後閱參考資料多件。與望弟談家事。小睡一小時餘。四時主席約赴官邸談話，討論宣揚國策振作士氣人心之辦法。熊天翼君亦在座，出與天翼略談而歸。夜毓麟來長談，約二小時。閱論文。十二時寢。

11 月 10 日　星期一　晴　六十九度

八時卅分始起。昨夜初睡時仍患瘰癧之苦，下半夜乃始沉酣入睡也。今日中央紀念週及中常會選舉會均無心出席。在家研究宣傳與文化工作，寫寄友人三、四函，寫寄七弟一函，閱參考件多件。董希錦兄來訪，言將就郵匯局事，並談軍務局情形。十一時卅分約君章談話，指示其工作。午後小睡至二時卅分起。杭州市代表張衡、金越光等六人來談。三時卅分徐佛觀同志來談展開宣傳工作之意見。互相討論，殊覺有益。顧一樵校長來談教育與文藝復興，良久始去。夜寄明函，與四弟談話。十二時寢。

11 月 11 日　星期二　晴　七十度

八時五十分起。昨睡仍不佳，臨起床時不免淹纏疲滯也。盥洗甫畢，董為公司長來談外交部美洲司工作，此君久不來我寓，或又將有所請託矣。十時十分希聖兄來詳談關於加強宣傳工作諸事及有關選舉、治安、青年運動諸事。五妹隨望弟來寓，四弟亦同來午餐，餐畢與五妹談一小時餘。小睡至三時起。閱函件及各報。四時卅分偕達詮、立夫、唯果同謁主席，談本黨提名候選人事及其他。退與唯果至寓，擬新聞稿發表。夜與厲生通話。致樂兒一函。又與八弟談話。十二時寢。

11 月 12 日　星期三　晴　六十七度

八時起。與四弟談話甚久。處理函札閱參考資料。延陳廣煜君來打針。九時卅分出中山門到國父墓前行紀念禮。總裁主席，獻花行禮後，進入內寢瞻禮畢而出。與道藩、蘭友、雪屏諸友談話。今日陽光絢麗，氣候和煦，陵園道上民眾擁擠，盛況空前。十一時歸寓，十二時到官邸參加宣傳會談。到顯光、雪屏、希聖、唯果、雪冰、少谷、博生諸人，主席垂示甚詳，至二時卅分歸寓，略進食後，小睡至三時卅分起。金誦盤君來為余診癢症。柏園兄過談甚久。夜八妹母女及九妹來京，與諸兄弟驪談，至十二時卅分寢。

11 月 13 日　星期四　晴　六十八度

八時四十五分起。上午黨團統一組織委員會開會，以事未能出席。今日瘰癧癢症蔓延更甚，昨睡固不佳，即日間亦痛癢時發，用藥塗敷，殊無功效也。十一時五妹來。旋趙步霞君亦來談。十二時祖望、九妹偕步霞外出試禮服。午餐與五妹、八妹、允默等談家事。小睡又以癢症未成寢，甚感頭暈。陳子賡君自杭來訪，不及晤談。傍晚鄧翔宇秘書攜院稿（電令各省市指示防止學潮）來商談。

夜與四弟等協商婚事準備。十二時寢。

11 月 14 日　星期五　晴　六十八度

八時起。準備明日宴客各事。十時到國府參加國務會議第十五次會議。顏駿人委員初次出席，蔣主席親臨主持。王外長報告美國外交、暹羅政變、對韓問題等。白部長報告軍事。主席有補充說明。討論議案八件，決定選舉不延期。十二時卅分歸。午餐後與八妹、四弟談話。八弟陪九妹出外購物。五妹、八妹及默縫製被枕。四弟照料禮物。余則規劃婚禮時之一切事項。僅小睡卅分鐘而已。閱參考件發函三緘。接主席諭，囑準備文稿。夜彙集整理奩具，至深夜一時餘始畢。公展來談，二時許始寢。

11 月 15 日　星期六　晴陰　六十六度

八時卅分起。今日咳嗽仍未癒，冬令漸近有復發之象。上午中央常會及黨團統一組織委員會與選舉指導會開會，因籌備九妹婚禮未出席。八弟於九時卅分來寓，與五妹、八妹、四弟婦等整理奩單檢裝物件。此次遣嫁九妹，適值物價劇烈變動之時，余與六、七兩弟各分擔用費一千五百萬元。各方致送儀物甚多，四弟亦分贈實物若干事，約計奩具總值當在八千萬元以上。小康之家亦云過奢，以我等只此一妹，不能不稍徇習俗，使其心喜。此乃先君逝世以後一件未完之大心願也。十時亮疇先生過訪，談行憲法規、選舉與時局種種，約五十分鐘。十一時卅分毛邦初副司令來訪，談在美見聞及工作，攜來之邁等一函。十二時六弟來接洽明日婚禮諸事。辟塵、福清來自滬，參加午餐。午後仍小睡片刻，以咳嗽未熟睡。今午主席約敘餐，亦未往也。閱參考資料等約一小時。三時將奩物送趙宅。趙梯霞姻兄來訪談，卅分鐘而去。傍晚設筵祭先祖，並約宴親友。滄波來訪談報館事。王中惠親翁及諸友好陸續來寓，與李孤帆兄談久之。八時卅分設席三桌，餞別九妹並宴諸親族，良英甥、叔受侄、永常、汲青、霸兒等均於八時五十分車來京，宴敘甚驩。十時卅分畢與叔受、良英談話，至十二時卅分寢。

11 月 16 日　星期日　晴　六十六度

七時起。今日為九妹佳期，親朋集余寓者甚多。余家兄弟姊妹友愛互助之誠，固先人所遺傳，而九妹得此佳婿，當亦先考妣庶妣所同深安慰者也。九時良英來談，十時叔受侄來談，積卿侄女來助九妹化妝，永常甥攜兒長風同來余寓。長風甚活潑可愛。十一時卅分八弟偕九妹（卿侄、嫺甥同去）同往國際攝影社攝影，即由彼處直接赴禮堂矣。午刻主席約敘餐，未能前往。向午六弟、澤永等均來，十二時五十分午餐後，閱參考資料及邦初攜來之函件。二時卅分偕默、五、八妹、四弟婦等同赴禮堂。三時正行禮，柳翼謀先生證婚，誦詩經一章為祝。介紹人邵鶴亭、沙孟海兩君，來賓代表李石曾、陳芷町君先後致祝詞。四時卅分禮成，偕眾賓用茶點，到賓客二百四十人，皆兩家至好親友，以教育界、文化界、新聞界人士為最多。五時到五妹家小憩，六時在介壽堂由兩家合宴賓客，計設證婚人一席、眾賓六席，到七十餘人。道藩夫人亦欣然應約到會。與諸賓酬酢勸酒，不覺盡四爵之多。九時許席散，偕四弟、允默等同歸寓。良英、霸侄等今夜車歸滬。十二時寢。

11 月 17 日　星期一　陰、有風　五十九度

七時卅分起。今日總理紀念週由毛邦初將軍報告在美觀感，惜余以家中請假，未往聽也。中常會討論立委競選標準，亦未能參加。十時叔受侄來談，為介紹晉見農行當局。又與澤永及永常談話。午刻接九妹歸寧，並宴新妹婿趙步霞君。男女親族分坐兩席，勸酒應酬，甚為歡洽。至二時卅分宴畢，又與步霞敘談一小時。默察九妹仍感羞怯不寧，殆不慣於新婚生活也。小睡未熟。五時卅分毓麟夫人來談。七時到黨公巷五妹家晚餐。係叔諒、叔同、叔兌合請新妹婿及趙氏兄弟。十時歸送辟塵回滬。十二時卅分寢。

11 月 18 日　星期二　陰　五十二度

昨夜風雨，氣候驟寒，余咳嗽加劇，且連日勞頓，觸發風寒，今晨九時五十分始起，患喉頭炎腫，喉音嘶啞，甚感疲憊也。與望弟結算勵志社之賬目，永常甥、汲卿侄女來辭行。外孫長風憨慧異常，甚愛憐之。十二時卅分四弟回寓同進午餐。餐畢小睡，至三時起。三時卅分在寓舉行中國文化服務社第三次常董會，孝炎、唯果、百閔均出席。聞監察亦有亦到會，陳寶驊、龔弘列席討論社務進行甚久。至七時始散會。七時卅分叔受侄來談，留同晚餐。十一時送彼至車站，十二時寢。

11 月 19 日　星期三　陰晴　五十度

八時五十分起。喉頭炎及咳嗽仍未癒，喉音亦未開。今日中央黨部審查本黨提名之立委人選，因之亦未能出席也。擬結束婚禮諸事，而祖望遲延未辦，甚不合余意。無錫薛明劍君來談一小時，濁世中難得之士也。十二時到官邸參加小會報，唯果、寒操、博生、雪冰、少谷、雪屏、顯光均到會，會談約一小時餘。委座邀留午餐，餐畢告余以璉兒之事。歸寓後閱報，以咳甚，又小睡一小時餘起。六時一刻希聖來談。七時沈昌煥秘書來，擬更正新聞稿。夜補閱四日來之參考資料等件。十一時卅分寢。

11 月 20 日　星期四　晴　五十度

八時起。氣候寒甚，晨起時室內溫度僅四十三度，此乃歷年所未有也。閱近三日來之函件，分別處理之。致約兒侄一函，詳述九妹婚事前後之情形。澤永甥來談，託其攜致九妹一函。六弟來書報告滬上收支概況，並望余回滬舉行申報董事會，即作一函覆之。十一時孟海來談蔣氏修譜事，出所擬凡例來商。午餐後為之詳閱，甚服孟海之精審也。二時小睡，至四時許起。覺寒冷不可忍，乃開始用電爐。實之弟來談卅分鐘。佩秋、肇湘兩兄為選舉事來談。夜唯果來商宣傳小組事。稽算賬冊。十二時就寢。

11 月 21 日　星期五　晴　五十二度

八時卅分起。匆匆閱報畢，九時赴農民銀行開董事會，到青甫、可亭、柏園、佩箴、果、伯諸人，選舉常董及常務監察，由君武提議，不用票選，仍互推原任各人擔任。又討論關於業務之提案三件。甘自明君、張厲生君及青老先後發言，討論極深入而詳備，蕭錚提出另成立決議一件。十二時散會歸。五妹等在寓，一時卅分九妹夫婦亦來，俟八妹及默訪友歸，二時卅分始進午餐。午後八妹母女回滬，九妹等送至車站而別。三時一刻小睡至五時許起。四弟來寓晚餐。唯果兄來談。夜揭算喜事用賬目，與四弟談家常。十二時寢。

11 月 22 日　星期六　晴　五十五度

八時十五分起。九時鄭介民兄來訪，談二十分鐘去。九時卅分參加中央常會及選舉指導會，討論立委競選提名之補救辦法及監委提示候選之原則，並由陳秘書長報告與民、青兩黨接洽經過。十二時十分散會歸寓，知徐青甫先生二次來訪，又未相晤，已回杭州矣。午餐畢閱參考材料，簽發函件。小睡極感沉倦，三時十分始起。四時約希聖唯果來寓（佛觀以病未能來），談加強戡亂宣傳方案及宣傳小組之組織，相互商討約三小時始定初稿。接主席電話，囑與于院長洽事。夜與君章談宣傳工作。接約侄來函。致岳軍函。十二時寢。

11 月 23 日　星期日　晴、夜雨　五十八度

七時四十五分起。盥洗畢，八時卅分到瑯琊路小學投票所投票，選舉陳裕光君為京市國大代表。出選舉所後，即往于公館謁右任先生，承主席命，商談監委競選問題。九時卅分回寓，結束婚事用費，分配工役犒賞等。十時邵毓麟兄來訪，談個人出處。唐乃建君來談對國事前途之觀察，至十一時三刻去。章篤臣鄉老來訪，留共午餐，餐畢談吾甬舊事，一時始別。小睡未熟，二時五十分起。約曾資生兄來，以電稿十五件交發。接積明來函。致西亞一函。夜乃建邀宴于華村，與允默偕往。座中有文白、蔚文夫婦、蔣素心夫婦。九時卅分歸，十一時卅分寢。

11 月 24 日　星期一　晴陰　五十六度

八時十分起。昨因飲酒過多，餐後進冷食水菓傷胃，以致整夜胃痛反噎，妨害睡眠，又作各種惡夢，今晨精神遂感憊頓異常，九時到中央黨部出席紀念週，孫科主席，劉斐報告，一小時禮成。遍覓中襄、慶普兩君來見，頗思就張國燾事與之懇談也。十時卅分歸寓，覺發冷頭痛欲嘔，乃小睡休息，至十一時卅分始起。四弟及四弟婦今日動身赴滬來話別，八弟亦來午餐。餐畢與王學素君談一小時。閱參考消息等件。三時後又感疲倦。允默出外訪友，余再就床小睡，至五時卅分後始醒。晚餐後與默談家務及女兒事。十一時卅分寢。

11 月 25 日　星期二　晴、微風　五十七度

八時卅分起。今日以私事漸畢，始稍有餘晷料理公務。蓋為九妹婚事已廢公不少矣。上午發寄私函（西亞、辟塵、積皚）三緘外，將加強戡亂宣傳方案重行整理繕呈委座核閱。王冠英、毛健吾來談，君章代見之。郭葆東（泰楨）來談地方政治視察之所得，約一小時。延陳醫官來打針。蕭同茲君來談中央通訊社問題甚久，即確定為國家經營或聯營之問題。午餐後閱文件後小睡一小時餘起。四時出席中常會選指委會之聯席會議。六時五十分歸，八時在寓約集同人舉行宣傳小組第一次會報。昌煥、道藩、佛觀、唯果發言極踴躍，初步通過方案。十二時寢。

11 月 26 日　星期三　晴　五十七度

八時十分起。咳嗽仍未痊癒，但喉音已稍恢復矣。上午十時孫院長約集會商民、青兩黨立委名額分配事。君勱、傅霖、慕韓等均到，余以未當交涉之任，故未往也。十二時到官邸參加宣傳會報，顯光、少谷二人與會，余報告昨夜小組會決議，顯光報告有關國外宣傳之件。旋鼎昌、世杰二人來，主席言今日將飛北平，約三日後回京。十二時卅分歸寓午餐，餐畢處理文件。閱參考資料，小睡一小時許。四時卅分偕默出中山門，至總理墓前臨眺久之，又至明孝陵，六時歸。夜無事閒談。十一時寢。

11 月 27 日　星期四　晴　五十七度

八時十分起。致徐佛觀兄一函，勸促其草擬計劃，並就任小組秘書。九時出席中常會及選舉指導委員會，居先生主席，討論如何分配民、青兩黨提名立委候選人問題。鐵城、立夫二君報告後，各委員熱烈討論，結果交七個小組同時審查。十二時十分散會歸。應蓀舫君為祖範兄事攜函來訪，囑允默代見之。午餐後小睡至二時卅分起。睡中多複雜之夢境。閱本日參考資料及處理函件。三時卅分出席第一組立委審查會，費時三小時，僅完畢蘇、浙兩省，至六時卅分散會歸寓。夜八弟來談。十一時三刻就寢。

11 月 28 日　星期五　晴、夜雨　五十八度

八時十五分起。上午中常會臨時會議未及出席，洪瑞釗君來談甚久，對立委候選人名額見遺，不無悒悒，余殊無術以慰之。十時到國府出席第十六次國務會議，聽國防部軍事報告後，對浙省情形提請軍政當局予以注意。討論提案九件，又臨時提案關於三黨提名候選人互相約束之件討論甚久，至一時許始散會。二時歸寓午餐，餐畢閱參考資料等。小睡一小時餘起。出席中央黨部第一組審查會，六時卅分散會歸。徐佛觀兄來詳談。作函數緘。十時卅分到下關站夜車赴滬。十一時卅分寢。

11 月 29 日　星期六　晴　六十二度

昨夜以被褥過厚，驟熱驟寒，致睡眠不佳。六時即醒，七時起。八時十分車抵北站，西亞、秋陽來迎，與秋陽同至惇信路寓。略進早餐，秋陽談至十一時許別去。與旦文姨氏談家庭雜事。傷風加劇，咳嗽不止。午餐後小睡亦未能成眠。二時卅分起。六弟來談申報社務及家事。六弟婦於昨晨生一女，代為喜慰。四時到申報館訪公展。四時卅分出席申報董事會，到杜、史、景韓、新之、叔明、端木、溯中等九人，討論年終獎金及籌畫貸款等案。七時散會歸寓。夜咳嗽更甚，略有微熱。以睡眠不足，九時卅分即寢。

11 月 30 日　星期日　晴　六十三度

九時許始起。睡眠充足，咳嗽亦稍止矣。盥洗甫畢，良英甥來談。作一函與支君，託其轉交。翁氏諸甥女、祖銘甥、建極侄來訪。詹文滸君來談新聞報之經濟情形及兩報合作途徑。葉溯中兄來談上海出版業概況及正中書局事。巽兒、棣棣同來，午餐後去。與叔受通電話，一時小睡，二時五十分起。六弟來談，福汕侄來談。四時到申報，約集滬各報同人開座談會，到十二人，董顯光兄亦參加。余對諸同志勉以動員宣傳工具，加強新聞小組，諸人均熱烈發言。成舍我君亦被邀，表示意見。座談歷三小時始畢。申、新兩報約宴于同華樓，九時歸寓。十一時到北站，即晚回京。

12月1日　星期一　晴　六十度

六時卅分車過堯化門即起。盥漱畢，讀報，七時十五分抵下關，與君章、聖章等同車回寓。允默亦已起床矣。閱兩日來之重要函札。九時出席中央黨部紀念週，遇河南籍同志多人，皆為立委競選事有所主張。紀念週由溥泉先生領導，顧一樵報告政治大學之概況及計畫。十時禮成歸寓。閱三天內之參考資料，並作覆函二緘。午餐後與默談家事。一時後小睡，四時始起。連日患咳嗽，疲憊極矣。傍晚閱申報，抄寄廿五年事略。閩籍同志連謀來談。八時到官邸晚餐。今日為蔣公伉儷結婚二十週年紀念，賓客到者四十餘人，均舉觴為賀。九時卅分歸，核講稿三篇。十二時寢。

12月2日　星期二　陰晴　四十七度

八時卅分起。天氣驟寒，較昨日降低十二度以上，殊覺瑟縮不可耐，作事精神亦因之大減，幾於不能執筆矣。閱參考資料多件及徐逸樵兄寄來之論文。延陳廣煜醫師來打針。齒牙部腫痛未止，咳嗽亦時癒時作。今年身體又不如去年，奈何奈何！午餐後小睡多夢，神經殊不寧謐，二時起。三時舉行宣傳小組第二次會議（在余寓舉行），各參加人均到會。顯光、唯果、佛觀、昌煥諸人紛紛發表意見，諸人均熱烈發言，至六時一刻散會。夜於憑遠兄來談新制軍校科學院事，約一小時去。十時卅分寢。

12 月 3 日　星期三　陰晴　四十八度

八時五十分始起。嚴寒如昨，咳嗽未癒，且患頭痛，竟日回皇疲憊，不能作事也。齒牙部腫痛未癒，僅能食稀飯，至感痛苦。午前閱參考資料及函件，寄何西亞兄一函。正午十二時到官邸，參加宣傳會報，除梁均默兄外，均出席。分別報告後，主席有所指示，對民眾娛樂場所之宣傳工作尤盼新聞局注意。十二時卅分會畢，主席並留談對美宣傳問題，一時卅分歸。午餐後小睡至三時起。芷町來談，二小時始去。夜管維藩來訪。今日神思不怡。十一時沐浴，十二時寢。

12 月 4 日　星期四　陰　四十六度

八時十分起。今日咳嗽稍止，而口腔發炎更甚，右上顎向齒旁浮腫一大片，至為痛苦。上午中常會及選舉會開會，討論立法委員與友黨名額地區分配案，因之亦不能出席。與李唯果兄以電話洽事，對報紙縮減篇幅案有所討論。閱本日參考資料等各件畢，揭算上月份開支賬冊。寓中支出達九百萬，如此下去，將何以善其後。又結束九妹婚事在京用費，計支出二千八百八十萬，而奩具等尚不在內也。午餐後二時始就床小睡，四時起。牙床腫痛仍劇。夜作函四緘，分致四弟、六弟、公展、滄波等。十一時五十分寢。

12月5日　星期五　晴　五十二度

九時起。牙痛昨晚增劇，今日略止。但牽動腦神經，用思不能深入耳。中農常董會請假。上午研究徐佛觀兄所擬之兩個月實施計畫，對戡亂動員實已包舉詳盡，然彼全未設想到窒礙之處，亦未照顧及於各單位實際之力量，則余實不能貿然採此議也。改定上週會議各件，交君章辦理。午餐後休息二小時。中常會請假未出席。以有甚難處理之家事（約兒就業），精神為之不怡。范爭波兄來談關於宣傳之意見，留件而去。六時卅分實之弟來談回慈之見聞。夜芷町兄來談甚久，多憂時之語。十二時寢。

12月6日　星期六　晴　五十五度

八時卅分起。閱參考資料多件，研究主席交辦之某件，甚感端緒紛繁，不易處理。十時亮疇先生過訪，談行憲以後各種有關法制之問題，深以實施程序之第二項未及注意為憾。又談總統府組織法及立院、監院行使職權各問題，約兩小時去。十一時卅分邵毓麟兄來談其個人之出處及朝鮮問題。午餐後改定徐佛觀所擬之計畫草案，約君章來，說明內容，分付油印。小睡一小時起。三時五十分偕允默往訪九妹伉儷，見新寓佈置整潔甚慰。六時赴成賢街大華餐廳，參加沙展（孟海子）世兄婚禮宴。八時歸寓。十時卅分寢。

12 月 7 日　星期日　陰晴　五十四度

八時十五分起。致四弟一長函，又致約兒侄一函，告以就學就業之困難，欲其就工作中學習，不可苛求，蓋擬為介紹至中央日報作練習生也。寫此兩函，費一小時半以上，可謂遲鈍已極矣。十時九妹伉儷歸寧。十一時唯果兄來詳談宣傳文化各事，至午刻始去。午餐時略備肴饌，與步霞妹丈驪敘。午後小睡，未入睡。步霞、九妹等留談至三時卅分去。閱參考資料各件。近日各方來函多涉選舉事。五時逑庭兄來詳談立法院及今後政制，約二小時去。夜疲倦煩悶。十一時十分寢。

12 月 8 日　星期一　陰　五十九度

八時十五分起。齒牙炎腫未痊癒，不能出門。今晨中央紀念週亦未出席。後知為總裁主持，由鄒海濱先生報告也。近日心緒特繁，而精神散漫，憚於作事，尤畏見客，以來者多為選舉問題而奔競，余殊不慣於過問人事，故只有杜門謝客矣。為新制軍校事，覆於憑遠兄一函。致朱教長一函。又為效實事致貞柯轉滬上諸君一函。效實事亦使余不快之一主因也。午餐後小睡一小時餘為季女事甚感苦惱，竟日鬱鬱不怡。接七弟函。夜致六弟一函。與默談話。十一時卅分寢。

12 月 9 日　星期二　陰、下午轉寒、夜雨　五十一度

八時十五分起。洪瑞釗君又來訪，對選舉事如此沾

滯，堅不放棄，殊難索解，囑人代見之。致孟海一函，託代撰吳氏譜序。又致傅沐波函，為建極內侄託事。閱參考資料多件。接蕭自誠兄來函，告美國輿論及觀察。午餐後天氣轉寒，呼匠理髮，睡至二時卅分起。鄭通和君來談。三時舉行第三次宣傳小組會議，各單位及參加人均出席，報告詳盡，討論配額紙案，無結果，通過戡亂宣傳三個月計劃，凡開會四小時。八時晚餐，夜公展來談甚久。十二時寢。

12 月 10 日　星期三　晴　四十八度

八時二十五分起。牙痛漸癒，咳嗽未止，惟精神較前略佳。九時十五分到中央黨部出席常會研究政黨提名補充規定實施辦法及國大名單調整辦法。眾意於法理事實之間，應覓一折衷方法，余與孫科、邵力子、李文範獨以為法律上要站得住，說得通。討論至午猶未畢。十二時回寓一轉，即至官邸參加宣傳會報。今日除雪屏外全體到會。余報告三個月計劃，留件呈核。二時歸，午餐後小睡起。五妹來寓，與之談話。五時楊玉清來談。六時卅分柏園來談。晚餐約果、聖談計劃。十二時寢。

12 月 11 日　星期四　陰晴　四十六度

八時卅分起。今日天氣更寒，不能不裝煤爐以取暖矣。九時芷町兄偕張六師同志來訪。張君為國防部新聞局處長，氣識不凡，抵掌談一小時，甚可感佩。十時五十分到黨部，出席常會，討論選舉問題，十二時散會。即至常府街出席正中書局董事會。午餐後開會至三時卅分歸。寒甚不思作事。鄭通和君來訪。為憐女事與默談商，殊無善策。與徐佛觀兄商小組事。七時宴請溯中、公展、百閔、逮曾等同志。餐畢開座談會，討論出版界動員事。十一時散會。與唯果、希聖、道藩等談話。十二時一刻寢。

12 月 12 日　星期五　晴　四十九度

八時卅分起。為鄭通和君致鄭曉雲先生一函，託玉清攜去。又寄趙君豪一函。十時到國府出席第十七次國務會議，到委員二十二人，主席親自主持，討論訓政結束程序法及省縣自治通則等案。十二時三刻散會，主席約各委員到官邸午餐。二時餐畢歸寓。閱本日函札及參考資料。延陳醫來打針。三時卅分疲甚，小睡至五時起。軍務局張國疆高參攜件來訪，談一小時而去。晚餐後唯果攜件來談。八時卅分舉行第四次小組會議（鄧雪冰未到），討論任務分配等案。十一時五十分畢。十二時就寢。

12 月 13 日　星期六　陰晴　五十二度

七時五十分起。（昨夜以開會談話太久，睡中多夢屢醒，四時後即睡不安貼）。作私函數緘。改定講詞（對政工人員）一種。腦部脹痛，知係睡眠不足，過份勞疲所致，上床休息一小時餘起，猶覺精神不足也。今日上、下午中常會均為選舉事開會，余均未出席。正午六弟來午餐，餐畢與談家事及報館事等，約兩小時餘。疲極不能支坐，小睡極深五時餘起。八弟亦來談。閱本日參考消息等件，工作二小時。夜九時六弟再來談，與實之弟同來，談至十時卅分去。接君哲、貞柯函。十一時五十分寢。

12 月 14 日　星期日　陰　五十二度

八時卅分起。致明、樂兩兒一函，研究博士學位授與問題。十時連謀君來談選舉事。十一時林佛性兄來談浙事及立法院近事。余與之研究省縣自治通則案，凡一小時始去。午餐後小睡起，閱本日函札及參考資料。二時四十分往介壽堂為祁陽周策縱君（國府編審）、長沙蔡念蓉女士證婚，到賓客二百人，湘人居多數。四時五十分禮畢歸寓。致辟塵函、皋兒函。今日接約兒來函，知其願意入中央日報服務。晚餐後研究宣傳會議之件，讀書自遣。至十二時寢。

12 月 15 日　星期一　陰雨　四十六度

九時十五分起。已不及參加紀念週，因之中政會臨時會亦未出席。今日上、下午黨部仍審查立法委員候選人名單，余以連日患頭痛，均未能與會也。午前研究效實學校之事，作函二緘，未及發函，而叔眉以書來告，擬有辦法，欲我去滬一行。預計年內當無暇晷，擬另函告之。中午唯果來談十五分鐘。午餐後閱參考資料多種，小睡二小時。佛觀來談宣傳小組事。旋希聖及然之兩兄來會商宣傳會議事。六時卅分談話結束，留希聖再談一小時而去。夜寒甚，風透窗隙，不能作事。飲酒小許，十一時寢。

12 月 16 日　星期二　雪　四十二度

八時五十分起。審閱小組會議紀錄，修改三個月計畫之文字，並整理之。聞張溥泉先生昨晚十一時突以心臟症逝世，本黨老成又弱一個，不勝痛悼。以畏寒特甚，聞訊較遲，竟未及往吊也。金次衡兄奉派赴美英考察人事行政，來辭行，為面示注意事項兩點。午餐後閱參考資料及函件多件，仍小睡一小時餘而起。三時舉行小組第五次會議，立夫、均默、正鼎請假未到，各單位報告工作，相互討論，並決定宣傳會議事項。七時散會，夜騮先部長來談教育與經濟。十一時四弟自杭州來，談家鄉事。十二時十分寢。

12 月 17 日　星期三　上午微雪、下午陰　四十度

九時卅分起。接良英甥來函，告滬市經濟狀況。范爭波來訪，未及接晤。研究省縣自治通則。十二時到官邸晤魏道明、胡善恆君。旋參加宣傳會報，聽各單位之報告。委座略有指示，一時三刻散會，歸寓午餐。覆良英一函。小睡一小時許，骨節時作微痛，不明係何原因。此症自入秋後轉深矣。三時卅分出席國府法制審查委員會，審查郵電加價、省縣通則、選舉總所請示之各案。七時歸，八時到官邸。與芷町、孟海侍委座晚餐。商修譜事及元旦

文告。九時歸，往訪吳秘書長。修改廣播稿一篇。一時卅分寢。

12月18日　星期四　雪　三十六度

九時十五分起。昨晚似覺服藥過多，今晨不能清醒，故又晏起。今年體力、精力均銳退矣。閱報載，美國六千萬貸款通過，但國內經濟波濤洶湧，殊無抑平之望。而改革幣制亦非咄嗟可辦，甚屬可憂。李唯果君來談四十分鐘去。十時卅分成舍我君來談，擬在京恢復世界日報，民生報則出晚刊，談宣傳政策約一小時餘去。寄董顯光函件。十一時十分往國史館，送張溥泉先生入殮瞻對遺容，愴然久之。十二時歸午餐。餐畢小睡，疲不能興。中央秘書處送來特宣款支票二紙，為代收之（由翁掣收據）。三時五十分起，閱參考資料及函件。大雪紛飛，寒甚不能作事。夜約兒自杭來。十二時寢。

12月19日　星期五　晴、夜微雪　四十四度

九時卅分始起。連日骨痛，晏起成習，蓋醒而復睡，畏寒不欲遽起也。早餐畢，唯果夫婦來談，並偕宣傳部處長陳君素來見，以特種宣傳經費交託之。十時卅分改正對政工人員檢討講評一篇，交祖望即寄聖芬印發。閱參考資料及函札等件。午餐後小睡至三時許始起。農行今日常董會，請假未出席。準備政治審查委員會之件。與約兒侄談工作要旨。五時後著手整理元旦文告之要旨，至七時卅分完畢。晚餐後約四弟談家事。九時芷町來談，十時卅分去。閱報至十二時就寢。

12 月 20 日　星期六　晴　四十四度

九時起。作致友人函札數件。今日甚念璉女之近況，感慨無已。十時力子先生來訪，談近日立委候選人甄審情形甚詳，余以未出席常會，故對於各省人選均不欲置可否也。閱參考資料及參訊多件。為房屋租賃未妥，與祖望談話，囑其即與張文伯君一商。午餐後仍小睡一小時餘。致希聖一函，商文告要點。三時赴國府出席政治審查委員會，到委員十一人，審查博士學位評定授與之件及省縣自治通則。七時散會歸寓。夜與君章談。並閱卅四、卅五年文告。十二時就寢。

12 月 21 日　星期日　晴　四十六度

九時十五分起。閱報後即擬著手於新年廣播詞之撰擬（已允主席於明日送呈核示）。十時王亮疇先生來訪，不得不延見接談。亮疇詢余種種時局情形及關於法制審查之件甚詳，並發表意見，坐談約一小時餘去。閱徐佛觀兄來函，商榷起草事，並提供意見，甚有價值。十二時許八弟來寓午餐，餐畢談中央社業務，並有疑難稿件待決定，余為指示之。精神不佳，小睡亦徬徨多夢。四時起，心緒仍極散漫，不能著手，然異常焦急，愈急愈不能屬稿。晚餐時仍未想定組織。八時張六師送來資料。九時後乃專一心志趕成之。三時脫稿，四時寢。

12 月 22 日　星期一　晴　四十八度

昨就睡太遲，五時後始入睡，六時又醒片刻，再睡至十時十五分起。今日紀念週又未出席。閱昨夜所起草之初稿，氣機尚暢，而不免冗沓。此誠近年來不知不覺中養成之習慣也。向午疲倦，又小睡一小時，十二時五十分起。午餐後閱參考資料等件。延陳醫來打針，三時以後似覺精神轉好。文字之役既可暫停一、二天，心境較閒適，乃與允默出游雞鳴寺啜茗，並禮觀音佛。出寺到試院路訪士遠師母未遇。到四弟處小坐，六時後歸寓。遞庭來談，夜約聖芬來談，以文稿交之。飲白蘭地一杯，十一時卅分寢。

12 月 23 日　星期二　晴　四十七度

九時二十分起。昨夜以白蘭地酒代安眠藥，亦居然入睡，中間醒兩次，今晨醒來亦極自然。私心甚喜，當可從此減少安眠藥之分量矣。今日中央政治委員會討論冀省各廳人選事，余誤以為明日開會，致未出席。雖無關宏旨，究竟太疏忽也。委座有上牯嶺之意，得聖芬電話，因蔣夫人患傷風而中止云。余此星期來忽然感到靈性修養之重要。蓋一年以來，檢點內心，不似戰時在重慶時代之純潔，所謂天理日損，而人欲日滋，從前只知憂國，而今則憂己惜身之念頭日多，此心如無寄託，恐將與俗浮沉，江河日下，非晚節所宜。故昨日致書蔣夫人，請介紹宗教書籍數種。今日午後一時，得蔣夫人力疾覆書，寄余中文書一冊、西文書二冊，其熱誠相助，洵可感也。午後二時卅分唯果來談。三時舉行宣傳小組第六次會，立夫、正鼎、寒操等全體均出席，各單位報告極詳備，審閱現階段宣傳綱領案，係希聖起草，內容精確而詳備，各人熱烈發言，最後仍交陶、徐、謝三人整理。又討論提案二件，均保留再議。七時散會，與芷町通電話。晚餐後與雪艇在電話中商洽省縣自治通則審查報告事。夜閱讀Peale 著「信心第一」一章及「荒漠甘泉」五頁。十一時卅分寢。

12 月 24 日　星期三　晴　四十九度

九時起。今日中央政治委員會已提先於昨日舉行，聞改開選舉指導會，討論立委候選人未了事宜。余此次為宣傳事及撰擬文稿事務所牽，對選指會多未出席，今聞各省市及職業方面，決定本黨提名之人選多已決定，而優秀自愛之同志頗有遺珠之憾，雖曰人才眾多，不易安排，然亦黨中之一大損失。而余未能躬與其會（實因會議次數太多，每次必到，不勝其煩，間續到會，更屬不妥），自問亦未盡厥職也。立法院昨日已通過行憲後之五院組織法，對立院編制之龐大，余深不以為然。上午在寓考量宣傳會議事，函聘張鐵君，劉亦宇、任卓宣、張六師為研究委員，囑君章辦理手續。陳君素來訪，為款項事，君章代見之。正午到官邸出席宣傳會報。今日諸人齊到，委座聆各人報告甚詳，繼略有指示。一時五十分歸午餐，與望弟接洽庶務。約振夫來談。二時卅分芷町來談，核定政治審查會之決議，並談馮煥章事。四時芷町去，約陳醫來打針。小睡至六時許起。接胡慶育君轉寄之安眠藥五瓶，係七弟託寄。晚餐後念璉兒之事不置。閱讀「信心第一」一章，喜其內容美富，文字流利。十時洗澡後仍讀書。十一時卅分寢。

12 月 25 日　星期四　晴　四十九度

八時卅分起。今日為中華民國憲法實施之期，國府通令全國慶祝，並頒布國民大會召集令。報載選舉總所公告國民大會代表已選出者二千零卅人，以適值陰歷年節，故展期於三月二十九日開會也。中央日報及各報均有關於行憲之評論。孫院長等及亮疇先生均發表祝詞，措詞均極得體。然行憲之前途實尚有應克服之重重障礙，須待吾人努力也。今日余未作任何有職務關係之工作，但私人家庭關係上有可紀者二事：

（一）接嚴甥來函，細兒於二十三日下午四時產生一男孩；

（二）璉兒自九月廿六日因平市搜索共匪電台案牽連被逮詢，今日下午始返家，蓋當局察知彼係被人欺蒙而加入所謂民主青年同盟，但歷史甚淺，亦無活動，故准由余領回管教（惟不令其在外活動），今日午後四時由毛人鳳君囑葉翔之君伴送來寓，與之談話達三小時以上，乃知彼對於所謂「民青」之性質實不甚瞭瞭，且亦無背棄家庭教訓之意思，余三個月來之憂忿悲慨為之稍慰，念其因遠離而受欺，則又怪余之太大意耳。

夜作函致泉兒、明、樂及六弟與謙五弟，分別告知之，以慰彼等之繫念。寫字過久，不覺疲甚。十一時五十五分就寢。

12 月 26 日　星期五　陰雨　四十九度

八時卅分起。昨夜服藥較少，睡眠不深，今晨甚感疲勞也。寄皋兒天津一函，又致滬上友人兩函。十時到國府出席第十八次國務會議，討論法律財政案七起，對下年度總預算案討論極詳，達三小時以上。各委對主計長之報告，財長與行政院長及副院長之說明，均異常關切，而對國家財政前途及公務員待遇問題咸感覺無妥善兼顧之解決。發言者咸集中於增加稅收、改善糧政，尤其要緊縮機構、裁減人員。以為不如此則預算不能平衡，經濟亦一無辦法。最後主席對制度及作風與認識上有詳盡指示，謂當以非常時期緊湊、刻實、迅捷、負責之態度解決困難，勿再拘泥于常軌。決議以預算案、待遇案、組特種審查會審查，直至二時始散會。回寓午餐，實覺疲甚。叔受侄、沈賢成君自滬來談。二時卅分小睡，至三時十分即起。約唯果、佛觀、希聖、然之來商明日宣傳會議進行之程序，並由謝然之君提供對資料室成立之意見。五時卅分散，閱本日之參考消息及函件。今日為陰曆十一月十五日，余自茲滿五十七歲。家人諸弟妹及實之等今晚備餐驩敘，計二席。芷町、孟海、希聖、明鎬、唯果、步霞及四、八弟、約兒、五、九妹均來驩敘，至十一時始畢。與四弟談話。十二時寢。

12 月 27 日　星期六　陰、午後晴　五十度

八時廿分起。盥洗畢，略事準備，即赴中央黨部參加宣傳會議（亦稱文教工作會議），到中央秘書處、組織、宣傳、海外各部，文化運動會、理論委員會各負責人，行政院新聞局、國防部新聞局、聯秘處、保密局、通訊局、中央通訊社、中央日報、廣播電台、國府軍務局各負責人，行政院、秘書處、內政、教育、社會三部負責人，及京、滬兩主任委員，與程滄波、任卓宣、張鐵君、沈昌煥、徐佛觀諸人。此次會議係由余及立夫、唯果三人約集，余擔任主席，然之、君章任秘書紀錄之責。會議分兩次，上午於九時卅分開始，余及立夫、唯果先後致詞，繼報告三個月宣傳計劃及任務分配案，諸人熱烈發言後，表示接受實行。旋檢討各單位工作，並交換意見。十二時卅分散會，即在中央黨部第二會議廳約集敘餐。下午二時卅分接開第二次會，仍由余主席，通過宣傳綱領及現階段標語口號案及各地文化宣傳黨團工作實施通則案，均指定專人重行審查整理，交回小組辦理。七時五十分會議完畢，雖費時費力，而到會者精神始終振奮，稍可自慰。晚餐時六弟來談。夜力子來訪，談一小時餘而去。六弟即夜車回滬。閱參考消息及函件多件。十二時就寢。

12 月 28 日　星期日　陰、下午晴　四十六度

八時五十分起。昨日竟日開會，余體力精力又感不支。今日患頭痛，又不欲多服止痛藥（近三個月來服止痛藥約二百丸以上，後難為繼），強忍而已。早餐後閱曹翼遠君所擬元旦團拜廣播詞，殊覺草率，略簽意見寄還吳文官長酌辦。旋知其赴滬，乃寄許、陳兩局長酌辦，以時間已極匆促也。實之弟來談文官處情形及彼個人私人經濟之艱困。九時卅分任卓宣君來談戡亂宣傳理論之建立，其見解深刻可喜，然仍有偏激而主觀之弊，談約一小時餘，擬另期再談。與宏濤、義宣等通電話。又囑聖芬與君章接洽，知委座近日無暇核閱元旦廣播，奉諭可先交國宣處（即新聞局）翻譯再定。午餐後小睡至三時卅分始起。逑庭兄來談。閱本日參考資料等。夜閱讀書報，至十一時寢。

12 月 29 日　星期一　晴、傍晚陰　四十五度

九時五十分始起。今日畏寒，又昨夜至三時始服安眠藥，因而晏起，未參加紀念週。聞有中常會，亦未赴也。在寓整理物件，與默籌商如何勸慰憐兒之法，殊苦無術。以其此次回寓後長日悒悒無懽也。致辟塵一函，寄畫片一張與元發玩之。閱定元旦廣播摘要，交君章送新聞局。午餐後精神尚佳，整理積件，仍就睡一小時以上。閱今日參考資料及諸友來函。接張子纓、吳文藻來函，甚可珍貴。四時卅分芷町來談元旦團拜文告之準備。五時五十分唯果來談宣傳小組各事。主席昨飛漢口，今日傍晚回京，勞苦殊可念。夜憐兒自五妹家歸。九時奉約往官邸，商文告，攜回再整理。十一時卅分寢。

12 月 30 日　星期二　晴　四十六度

八時二十分起。盥洗閱報畢，九時卅分後著手修改新年廣播詞稿。十時卅分周宏濤秘書來談官邸內之秘書業務，約一小時以上。因之文字工作遂為之積擱。客去後繼續整理，至一時五十分完成。二時午餐，餐後小睡未熟，起閱參考資料多件。接良英來函，覆良英一函。又致叔受函。五時卅分攜璉兒往訪蔣夫人，承其殷殷之詢問璉之身世學業，並對余談宗教哲學。七時歸寓，余即赴中央日報社，參加常務董事會。今日王、彭二君均未出席。十時一刻散會歸。十一時卅分寢。

12 月 31 日　星期三　晴　四十七度

九時起。昨夜睡中多夢，中夜醒二次，蓋昨日工作開會太緊張也。盥洗甫畢，接聖芬電話，知元旦廣播詞主席又有增訂修改。旋程寶慈君來寓，攜來修改稿，為重加整理，至十二時完畢，交繕。午餐時聞望弟言，四弟又患咯血，想係勞頓所致。據陳廣煜醫師言，則為氣候關係，然亦殊可憂也。午餐後小睡至二時卅分起。閱參考資料，毛澤東二十日演講，其志得意滿有不可一世之概。據近日報載，似蘇聯態度已積極展開矣。五時三刻到官邸修改廣播詞。七時卅分主席灌片。晚餐時八弟來，食湯糰。夜十時發表廣播詞。十二時就寢。

民國日記 17

陳布雷從政日記（1947）

The Official Diaries of Chen Pu-lei, 1947

原　　著　陳布雷
總 編 輯　陳新林、呂芳上
執行編輯　林弘毅
文字編輯　王永輝、江張源
封面設計　陳新林
排　　版　溫心忻

出 版 者　開源書局出版有限公司
香港金鐘夏慤道 18 號海富中心
1 座 26 樓 06 室
TEL：+852-35860995

民國歷史文化學社
10646 台北市大安區羅斯福路三段
37 號 7 樓之 1
TEL：+886-2-2369-6912
FAX：+886-2-2369-6990

銷 售 處　源流成文化 股份有限公司
10646 台北市大安區羅斯福路三段
37 號 7 樓之 1
TEL：+886-2-2369-6912
FAX：+886-2-2369-6990

初版一刷　2019 年 10 月 31 日
定　　價　新台幣 300 元
港　幣　80 元
美　元　11 元
I S B N　978-988-8637-27-0
印　　刷　長達印刷有限公司
台北市西園路二段 50 巷 4 弄 21 號
TEL：+886-2-2304-0488

版權所有・翻印必究
如有破損、缺頁或裝訂錯誤
請寄回銷售處更換